南昌师范学院精品教材项目（编号：JPJC-19-01）

语文课堂的技与道

俞王毛　王从华　周雨然　编著

江西高校出版社

JIANGXI UNIVERSITIES AND COLLEGES PRESS

图书在版编目(CIP)数据

语文课堂的技与道/俞王毛,王从华,周雨然编著
.--南昌:江西高校出版社,2022.12 (2024.9 重印)
ISBN 978 – 7 – 5762 – 3437 – 4

Ⅰ.①语… Ⅱ.①俞… ②王… ③周… Ⅲ.
①语文课—课堂教学—教学研究—中小学 Ⅳ.①
G633.302

中国版本图书馆 CIP 数据核字(2022)第 226850 号

出 版 发 行	江西高校出版社
社 址	江西省南昌市洪都北大道 96 号
总编室电话	(0791)88504319
销 售 电 话	(0791)88522516
网 址	www.juacp.com
印 刷	固安兰星球彩色印刷有限公司
经 销	全国新华书店
开 本	700mm×1000mm 1/16
印 张	13
字 数	200 千字
版 次	2022 年 12 月第 1 版
	2024 年 9 月第 2 次印刷
书 号	ISBN 978 – 7 – 5762 – 3437 – 4
定 价	58.00 元

赣版权登字 – 07 – 2022 – 1181

本书聚焦语文教学原理与教学技能,旨在培养语文教师和中文师范生的教学能力。教学能力是教师传道、授业、解惑的基础,与职业道德、专业知识共同构成教师核心素养。2014年,《教育部关于实施卓越教师培养计划的意见》提出"培养一大批师德高尚、专业基础扎实、教育教学能力和自我发展能力突出的高素质专业化中小学教师"的目标。2018年,中共中央、国务院印发《关于全面深化新时代教师队伍建设改革的意见》,提出"大力振兴教师教育,不断提升教师专业素质能力"的要求,指出要强化教师和师范生的教学基本功和教学技能训练,有效提高中小学教师素质和专业化水平。以上文件都将"教学能力"作为教师素质的重要指标,都对教师教学能力培养提出了明确的要求。本书正是对这一要求的积极呼应。

本书根据语文教师教学能力的培养规律,从技与道两方面阐述教学能力的培养路径。在论述中,我们注意融入最新版语文课程标准即《义务教育语文课程标准(2022年版)》和《普通高中语文课程标准(2017年版2020年修订)》所提出的课程理念和教学理念,辅以真实鲜活的语文教学案例及对案例的分析,努力构建科学而实用的写作体例。期望我们的探索对语文教师和中文师范生的教学能力培养有所助益。在编写过程中,我们参考、借鉴或引用了多位教育工作者的研究成果或教学案例,还引用了部分学生的教学案例,谨在此表达深挚的谢意。

本书主要内容为语文教学设计和实施的一般原理与技能训练方法。全书由绪论和九章正文构成。绪论是全书总纲,第一章是对语文教学设计和实施的概述,第二至六章主要是语文教学设计原理与技能,第七至九章主要是语文教学实施原理与技能。本书编著流程为:首先由俞王毛拟定提纲并编写样章,然后由各位作者编著,最后由俞王毛、王从华统稿、审稿、定稿。各章节具体分工如下:

绪论　俞王毛(南昌师范学院)

第一章　俞王毛(南昌师范学院)

第二章　周雨然(南昌师范学院)

第三章　俞王毛(南昌师范学院)

第四章　王从华(赣南师范大学)、余红梅(赣南师范大学)、周俊灵(赣南师范大学)、刘欢欢(赣南师范大学)

第五章　王从华(赣南师范大学)、李琳(赣南师范大学)、李佳睿(江西环境工程职业学院)、谢玉婷(赣州高等师范专科学校)

第六章　王从华(赣南师范大学)、彭思梅(赣南师范大学)、沈佳琪(赣州市第五中学)、王志强(赣州市南康中学)

第七章　梅那(南昌师范学院)

第八章　梅那(南昌师范学院)

第九章　周雨然(南昌师范学院)

　　本书得到南昌师范学院教育专业学位授权点建设经费的资助。本书也是南昌师范学院精品教材项目（编号：JPJC‑19‑01）、江西省一流线上本科课程"语文教学论"建设项目、南昌师范学院一流线下本科课程"教学技能"建设项目的成果，在此向学校、教务处、教育学院、文学院领导表示衷心的感谢。本书的写作和出版得到江西高校出版社的热心帮助和大力支持，在此一并致谢。

俞王毛

2022 年 11 月 5 日

目 录

CONTENTS

绪　　论

在所有学科中,语文学科最有趣、最丰富、最厚重。在所有课堂中,语文课堂最复杂、最深奥、最精妙。如何上好语文课,是每一位语文教师都要面对的大课题。如果对这个课题做一番去粗取精、删繁就简的工作,最终留下的可能就是两个字:"技"与"道"。技,指技能、本领;道,指事物运行的规律。技为形而下之实践,道为形而上之超越。语文教学首重技而终向道,在对技与道的极致追求中,语文课堂不断趋向技道合一的自由境界。

第一节　语文教学技道之辨

技与道是一对密切相关的概念,技道相连,技极为道。庄子广为人知的"庖丁解牛"的故事即蕴含了这个哲理,魏源的名言"技可进乎道"则是对这个哲理的经典概括。技是从事职业的必要条件。庖丁十九年未更刀,良庖岁更刀,族庖月更刀,尽管良庖和族庖的技能远远比不上庖丁,但至少他们都能以刀解牛,都算是称职的从业者。然而,真正有理想、有信念的从业者不会满足于称职,而是希望做到游刃有余、举重若轻。要达到这种境界,就需要像庖丁那样在无数次解牛的实践中掌握事情的规律,做到"技进乎道"。

语文课堂是语文教育的主阵地,是语文教师的竞技场。为了上好每一堂课,培养好每一位学生,语文教师需要拥有自己的技与道。语文教师的技,指的是语文教学技能。所谓教学技能,是教师运用教学理论于教学实践中,通过反复练习而形成的稳定、有效的教学行为系统。语文课堂所需的技能非常多,例如,备课需要教材分析、学情分析、教学设计等技能,上课需要导入、展开、收束课堂的技能,生成新的教学内容的技能,发现与评价学生的技能,等等。尤其需要指出的是,最新版义务教育语文课程标准和高中语文课程标准提出了学习任务群和整本书阅读等教学任务,为了完成这些教学任务,教师需要培养相应的教学技能。习近平总书记非常重视教师教学能力的培养。2014 年 9 月 9 日,习近平总书记在同北京师范大学师生代表座谈时提出,希望教师做有理想信念、有道德情操、有扎实学识、有仁爱之心的"四有"好老师。从此,"四有"就成为教师和师范生立德树人、求学问道之准则。"四有"指向教师素养的四个方面,四个方面相互依存,相互促进,每个方面都不可或缺。其中,"有扎实学识"是对教师知识、能力、态度、方法的要求。习近平总书记指出:"扎实的知识功底、过硬的教学能力、勤勉的教学态度、科学的教学方法是老师的基本素质。"①娴熟的教学技能是"过硬的教学能力"的标志之一。培养语文教学技能,是每一位教师和未来教师需要做好的功课。

道,指的是语文教学规律,即语文教学过程中必然、本质、稳定和反复出现的关系。语文教学现象虽然因人而异,千变万化,但万变不离其宗,其中有一些放之四海而皆准的关系,教学时必须遵循。例如,在语文课堂上,师生之间是一种对话关系,这就是语文教学所要遵循的规律之一。这个规律从孔子授课起就已经在起作用,《侍坐》中孔子与子路等弟子问答点评的教学情景即是鲜活的例子。在过去的许多年中,受应试教育观念的影响,语文教师和学生之间似乎只有授受,没有对话。授受式教学中,师生的对话关系是否真的不存在呢? 当然不是。即使是授受式教学,依然不可能消除师生对话关系,只不过这种关系被人为地压抑了,因而变得隐晦,变得浅表化。这也导致了语文课堂的低效运行,学生学习兴趣的普遍低下。如今,教学中师生之间的关系是对话关系,语文教学是师生之间,生生之间,学生与文本、编者之间对话的过程,这样的观念已为语文教育界普遍接受,越来越多的教师掌握了这一规律,巧妙创设对话情境,积极开展多层次、多主体对话,从而创造高效课堂。语文课堂因背离规律而沉闷低效,因遵循规律而活泼高效,由此可知,掌握语文教学的道,也是每一位教师和未来教师需要做好的功课。

语文教学的技与语文教学的道不是同一个层面的概念。技是脚踏大地,道是仰望星空。教学技能涉及人的身体与心理,表现在思考、判断、表达等方面,是一种综合性的行动能力,需要依据一定的教学理论,经过反复练习而形成。例如,语文教师为某篇课文设计教学方案的技能,其形成的过程大体如下:反复

---

① 习近平. 做党和人民满意的好老师:同北京师范大学师生代表座谈时的讲话[N]. 人民日报,2014 – 09 – 09(2).

阅读课文,依据教学原理和学习理论思考其教学的关键点,确定教学目标,明确教学内容,选择教学方法,确定何处提问,何时板书,如何评价,怎样总结,等等。这样的技能,即使达到熟极而流的程度,仍然属于形而下的操作层面。当然,这样的教学技能是非常必要的,是教师开展课堂教学的工具,是教师与学生交往的桥梁,是教师专业发展的基础形态,是道得以显明的形式。教学规律涉及人的心理和精神,表现在思考、判断、提炼、升华等方面,是一种综合性的思辨能力。例如,对于"在写作教学中需要引导学生表达真情实感"这一规律的认知,是在对自身写作经验和写作教学经验的总结中,对他人关于写作的论述的分析、判断的基础上,提炼出来的关于为什么引导学生表达真情实感,如何引导学生表达真情实感,如何判断学生习作情感表达的优劣得失的规律。对于规律的认知,虽然不是直接的教学操作,却时时处处强烈地影响着教学操作。这样的规律认知,属于形而上的超越层面,同样是非常必要的,是技追求发展的结果,是教师专业发展的高阶形态。

语文教学的技与道属于不同的范畴,但二者又密切关联,相辅相成,且不断向对方转化。中共中央、国务院印发的《关于全面深化新时代教师队伍建设改革的意见》提出,到2035年,教师综合素质、专业化水平和创新能力大幅提升,培养造就数以百万计的骨干教师、数以十万计的卓越教师、数以万计的教育家型教师。教师在不断提升自己的思想政治素质和师德修养的同时,要积极促成技道相成,推进自身的专业发展。因为骨干教师、卓越教师必定是精于技而娴于道的,而教育家型教师,必定是技道相融而无间的教育艺术家。

第二节　语文教师技道相成之途径

技与道相辅相成,且不断向对方转化,这就要求语文教师积极培养教学技能,努力掌握教学规律,不断促成技与道的转化和融合,提升自己的职业素养。

一、积极培养语文教学技能

语文教学技能的培养途径有许多,思想上重视、行动上践行则是其中最要紧的。

首先,以工匠精神激发和保持教学技能训练的热情。语文教学技能训练是劳心劳力的过程,语文教学本身也许充满诗意,但技能训练过程并不浪漫。一遍遍地解读课文,无数次地修改教案,翻来覆去地观看语文教学视频,这个过程可能充满劳作的艰辛,可能遭遇失败的苦痛,唯有信念和理想能支撑教师们走过泥泞,迎来坦途。语文名师窦桂梅回顾自己的成长岁月,肯定并且"呼唤教育里的工匠精神":

> 我从教音乐、数学转任教语文时,为了上好每一节语文课,寒暑假前我会到图书馆里,把能借阅的书籍、杂志都带回家阅读。常态课的教案一般都要写三次。一次是草案,一次是上交学校的工整的教案,最后一次是上课之前的头一两天,为了进一步熟悉学情、教情而重新整理书写的、夹在语文书中的教案——那上面密密麻麻地记下了自己的教学流程:课堂重点如何突出,难点如何突破,设计了然于心,每每打开,爱不释手。

> 记得教学《秋天的怀念》一文,我几易其稿,仅开头就设计了十几种预设。至今,我备课依然一丝不苟,不敢马虎半步。做校长的这几年里,在管理上善于闭合、关键事情较真……虽说自己还有这样那样的问题,但做事精益求精、追求品质的习惯已刻入我职业生涯中的每一个角色,这正是上一辈教师所教给我的工匠精神。①

窦桂梅分享了自己在漫长的职业生涯中秉持工匠精神,不改初心、精益求精的故事。她的感悟对于语文教学技能的培养极具启发意义。这两段文字中的关键词是"工匠精神"。工匠精神的内涵是执着专注、精益求精、一丝不苟、追求卓越,是时代精神的生动体现。从教育的角度来说,工匠精神是教育改革和发展的精神动力,是提高教师教学技能,进而提高课程教学效率、提高人才培养质量的要诀,应该成为当代人民教师的自觉追求。工匠精神和简单的重复劳动、教书匠等概念是不同的。工匠精神包含着追求突破、追求革新的创新内蕴。拥有工匠精神的教师,不会满足于模仿别人的课,或重复自己的课,他们会根据具体教学要求和学情,不断探索新的教学理念和方法,积极寻求最合理、最恰当的教学路径。窦桂梅以自己的成功经验告诉我们,工匠精神是教学技能培养过程中不可或缺的精神。因为,优秀的教师应上好自己的每一堂常态课。这就需

---

① 窦桂梅.呼唤教育里的工匠精神:五四青年节之际与教师共勉[N].人民政协报,2016 - 05 - 04(11).

要教师专注于立德树人的责任，不断提高教学技能。要提高教学技能，关键是自我训练，以及学习名师的成功经验，一丝不苟地做好备课、上课、反思等工作。经过努力，教学技能就能不断生长，新手教师就会逐渐成长为胜任型教师。在此基础上，教师要反复锤炼教学技能，不断超越自我，向创造型教师跃迁，最终形成独特的教学艺术。工匠精神不但体现在思想上，更体现在行动上，教师要时时刻刻严格要求自己，扎扎实实练好教学基本功，为成为卓越教师打好基础。

其次，在语文教学技能培养过程中要做到勤学、多练、深思。技能成长没有捷径可走，只有勤学多练，并且不断反思，才能收到实效。我们以案例教学法为例来说明这个问题。案例教学法是教学技能培养的常用方法。"他山之石，可以攻玉"，教学案例就是可资借鉴的他山之石。教学案例是教育工作者在教学中所经历的富有典型意义的事件。对于教师和师范生学习和借鉴教学经验、培养教学技能来说，教学案例是非常有用的工具，案例教学法是非常有效的方法。例如，以案例教学法培养教学《观沧海》的技能，可以分三步走。第一，寻找高质量《观沧海》教学设计、课堂教学实录或教学视频，分析教师如何导入新课，如何介绍作者，如何分析诗歌意象，如何进行拓展训练。这个过程主要目的是学习他人的教学技能，掌握相关程序性知识。第二，模仿或借鉴《观沧海》案例，在此基础上设计自己的教案，并进行模拟授课。这个过程主要目的是通过实践培养自己的教学技能。《尚书》有言："非知之艰，行之惟艰。"教学技能培养知易行难。对于教师来说，无论掌握了多少教学技能知识，如果不进行实践，在教学上就只能是纸上谈兵。因此，在观阅教学案例、获得技能知识之后，需要自己去设计教案，展现教学过程，由此积累直接经验，培养教学技能。第三，对自己和他人的案例进行反思。反思是案例教学法中的重要一环。何谓反思？反思是对实践的再思考和再认识。反思是一种自我省察，只有通过反思，教师和师范生才能深刻认识语文教学中存在的问题，认清自己教学技能的优点和差距，明确努力的方向，不断改进教学，真正成为反思性实践型教师。案例学习中需要进行两重反思。第一重反思是阅读者对他人案例的反思。这个反思十分重要，因为这是促进教师和师范生建构语文教育理论、发展语文教学技能的重要手段。在观阅案例的过程中，教师和师范生应思考并尝试回答如下问题：此案例中，教师展现了哪些教学技能？哪些技能发挥了作用，发挥了怎样的作用？教师哪些方面的技能有所欠缺，这种欠缺对教学有何不良影响？"我"从中学到了什么？

如果"我"是案例执行者,将如何设计教学以实现效果最优化? 第二重反思是对自己教学设计和模拟教学的反思。可以通过与原案例进行对比,反思自己教学技能的长处和不足之处,并提出整改方案,根据方案改进自己的教学设计和模拟授课。第一重反思是一种见贤思齐、见不贤而内自省式的反思,第二重反思是自我诊断和提升。经过不断的学习、训练、反思,教师能够深刻理解语文教育教学理论,不断提升教学技能,最终成长为反思性实践型的卓越教师。

二、努力掌握语文教学规律

语文教学是一门科学,有着自身的规律,这些规律就是语文教学的道。掌握语文教学规律也是教师需要完成的一大课题。语文教学规律非常繁复,以下几点尤其值得重视。

首先,语文教学要实现工具性与人文性的统一。"工具性与人文性的统一,是语文课程的基本特点。"①这是语文课程标准对语文课程性质的界定。语文教学应符合语文课程的性质和特征。也就是说,语文教学中不能单纯追求工具性或人文性,也不能将工具性与人文性割裂开来。

语文的工具性,指语文在知识学习、人际交往、承载信息中的实用功能和中介作用。语文是思维的工具。思维需要借助语言来呈现,需要通过语言来运行。第一,语文是人类交际的工具。人与人之间的交流,主要是通过语言的听说读写实现的。第二,语文是学好其他学科的工具。语文是百科之母,各门学科的知识内容要用语言文字来表达,各科的教学要通过语言文字来进行。第三,语文是承载信息的工具。语言是人类社会中最方便、最复杂、最通用和最重要的信息载体系统,因为有了语言文字,大量复杂的信息得以记录、传输、积累和保存。在语文教学过程中,要注意培养学生的语言文字运用能力,以落实语文的工具性。

语文的人文性,指语文所承载的精神内涵,包括对人的发现和理解,对真善美的热爱和追求。人文性注重以文化人,培养情感态度、审美意识和价值观念。在语文教学过程中,要注意引导学生欣赏美好的风景、人事、文化,体验丰富的情感,培养高雅的审美情趣,养成正确的态度和价值观,以落实语文的人文性。

要注意的是,在落实语文工具性的过程中,要融入人文性。如在识字写字

---

① 中华人民共和国教育部. 义务教育语文课程标准:2022 年版[M].北京:北京师范大学出版社,2022:1.

教学中,不仅要让学生会读、会写、会用,还要让学生体会汉字音形义之美,理解汉字文化的源远流长、博大精深,从而做到爱读、爱写。同样,在落实语文人文性的过程中,要融入工具性。如阅读教学中的审美教育要依托文本来进行,要通过对语言文字的品味来培养审美意识和审美情趣。只有这样,才能实现语文课程工具性与人文性的统一,才能培养出既擅长听说读写又懂得人生真谛的新时代新人才。

其次,语文教学要充分体现语文的实践性。语文课程是一门实践性课程,语文能力和情感、审美、价值观需要在语文听说读写等实践活动中加以培养。因此,教学中要充分体现语文的实践性。教师应建构语用型课堂,鼓励和引导学生进行识字与写字、阅读与鉴赏、表达与交流、梳理与探究等语文实践活动,让学生在语文实践中学习语文,学会学习。教师应创设真实而富有意义的学习情境,为学生提供语文实践的契机,激发学生学语文、用语文的兴趣。教师应树立大语文观念,将校园、家庭、社会等作为语文学习的情境,引导学生在生活中随时随地进行语文实践活动,培养运用语文解决实际问题的意识和能力。

最后,语文教学要充分发挥师生双方的能动性。学生是语文学习的主体,教师是学习活动的组织者和引导者。在语文教学活动中,学生和教师都是具有独立人格的、能够独立思考的鲜活的生命个体。只有发挥双方的能动性,语文教学才会呈现出精彩样貌,才会实现师生双方心灵的交汇和生命的成长。为了发挥学生的能动性,语文教学应贴近学生生活,激发学生的学习兴趣,培养学生自主学习的意识、习惯和能力;应尊重学生在语文学习中的独特体验,帮助学生寻找和运用最适合自己的学习方式。为了发挥教师的能动性,教师自身要以立德树人为使命,不断提高自身专业水平和教学技能;应积极学习和实践语文教学的新理念、新方法,做到与语文课程同行,引领语文课程改革。

道是语文教学中的迷人风景。教师对语文教学规律掌握越多,就越接近语文教学的自由王国。《礼记·大学》记载:"汤之《盘铭》曰:'苟日新,日日新,又日新。'"语文教学亦如是,永远在追求新变化的路上,因而探索语文教学规律的工作将伴随教师终身。

三、实现技道的相互转化

语文教师通过以道导技、因技成道,可以实现技与道的相互转化和共同提升。

首先是以道导技。千百年来,无数的教育工作者积极探寻语文教育规律,已经有了可观的收获。例如孔子的"因材施教""不愤不启,不悱不发",叶圣陶的"听说读写宜并重",语文课程标准所提出的语文学科核心素养及其培养途径,这些都是语文教育之规律。这些规律是社会共有之财富,是语文教师培养教学技能之利器。今天的语文技能训练,不需要从零开始摸索,而是可以且应该站在巨人的肩膀上求得进步。教师以道导技,将前人发现和总结的语文教学规律牢记于心,并将其运用于教学技能训练的实践之中,能够收到事半功倍的效果。

其次是因技成道。道不是技的简单量变,而是技的多重质变。简而言之,道是对复杂事物的透彻了解,是对方法手段的灵活创新,是对既定技能的巧妙改进,是对职业理想的积极追求。当今这个时代,经济全球化趋势日渐增强,知识的生产和传播愈发迅捷,社会对个体的语文素养提出了更高的要求,也给语文教师的教学能力提出了更高的标准。技是教师经过勤学勤练大多能够掌握的,如果教师满足于掌握一般的教学技能,而不去探寻技能背后的教学规律,就无法适应新时代对于语文教学的要求。语文教师应主动求"道",掌握语文教学规律,在苦练技能的同时要学会反思,学会总结。"凡操千曲而后晓声,观千剑而后识器"①,语文教师由技到道之路径也是这样。教师应认真分析每一位学生,在此过程中准确了解不同学生的身心发展特征和语文学习特征,使自己能够做到快速、精准地把握学情。教师应认真解读每一篇课文,撰写教学计划,在此过程中总结确定教学目标和教学内容,使自己不仅懂得某一篇课文的教学要领,而且懂得某一类课文的教学规律,进而掌握阅读教学规律。教师不仅应掌握阅读教学规律,还应掌握识字与写字、表达与交流、梳理与探究、文学鉴赏等领域的教学规律。教师应将创新思维贯穿于每一次教学过程中,不以常规的方式方法限制教学,而是根据教学对象和教学内容的特征寻找合适的教学规律,由此实现教学的最优化和个性化。

以道导技,因技成道,技与道互相激发的结果就是技道相成,技道相融。经过这样的过程,教师就从"族庖""良庖"变成独一无二的"庖丁",从"教书匠""合格教师"成长为"教育家型教师"。

---

① 刘勰.文心雕龙[M].北京:中华书局,1985:66.

第三节　语文教学技道相融之体系

本书主要内容为语文教学设计和实施的一般原理与技能训练方法。全书由绪论和九章正文构成。绪论是全书总纲,阐述了语文课堂技道之辨和技道相成之途径,以期帮助学习者辨明概念,确立目标。第一章是对语文教学设计和实施的概述;第二至六章主要是语文教学设计原理与技能,包括语文教学的准备技能、语文教学目标设计技能、语文教学过程设计技能、学习任务群教学设计技能、整本书阅读设计技能;第七至九章主要是语文教学实施原理与技能,包括语文课堂教学语言技能、语文教学课件和板书使用技能、语文说课与听评课技能。每一章都努力体现技道相融之理念。

首先,本书关注语文教学技能训练的重点和难点。语文教学需要多种技能,诸如课前的教学设计、课中的教学实施、课后的考核评价、课外的资源开发以及线上教学的建设等等。教师掌握的技能越多,就越能实现高效的语文教学。不过,本书并不追求大而全,而是有所取舍。本书名为"语文课堂的技与道",主要关注课堂教学技能。课堂教学的优劣,与教学设计和教学实施关系最大,因此,本书主要阐释教学设计与课堂教学实施。教学设计与实施技能如果细分,依然可以列举出极多的微技能。穷尽所有技能非编著者力所能及,也无此必要。事实上,善学者必善思,学习者在认真训练重要且难度较高的技能的过程中,能够培养实践智慧,做到触类旁通。因此,本书的教学设计部分,安排了教材分析与学情分析、教学目标设计、教学过程设计、学习任务群教学设计、整本书教学设计这几种技能训练;本书的教学实施部分,安排了课堂教学语言运用、教学课件和板书使用、说课这几种技能训练。由于很多时候设计与实施相互关联,难以拆分,因此本书部分章节融合了设计和实施。这样的安排符合学习者的心理期待,能够满足学习者的现实需求。

其次,本书十分重视语文教学规律的阐明。恩格斯说:"一个民族要想站在科学的最高峰,就一刻也不能没有理论思维。"语文教学能力归根结底是一种实践能力。如果没有正确教学理论的指导,语文教学实践必然变得盲目而低效。我们在择取理论的时候,一方面要重视经典的语文教育教学理论的引介,因为这些理论经过了长期的实践证明，是正确而有效的；另一方面要注意引入语文教育专家新的研究成果，以及最新版的语文课程标准，因为改革与创新是语文课程的常态，语文教学实践在不断发展变化，要想有效地超越以往的实践局限，培养适应时代要求的教学技能，就必须接受新的正确的语文教育教学理论的指导。本书所阐明的语文教学规律都是针对教学技能训练的，以之为指引，新教师和师范生在技能训练上能够少走弯路。

最后，本书精心选择了教学案例。案例，又被称作范例、个案和实例，其含义是"用实例说明某案件"。引用案例并组织学习者对案例进行分析的案例教学法有利于技道相融。案例教学是一种连接理论与实践的教学方式。案例教学法以具有代表性的案例引导学习者分析教学现象，总结教学规律，既能增进其理论素养，又能帮助其积累实践经验，是实现语文教学理论与教学技能相融合的媒介和桥梁。案例教学法有助于培养反思性实践者。"反思性实践者"是美国学者舍恩提出的概念，该概念强调在行动中反思，以培养专业人员应对复杂的工作情境的意识和能力。教育部2011年颁布的《教师教育课程标准（试行）》将"反思性实践者"作为对教师特征的描述和对教师形象的要求。反思是语文教师技道相融的重要方式。语文教育情境极具模糊性和不确定性，语文教师在课堂中常常需要随机应变，积极生成。通过反思，语文教师能够提高对教学理论的理解和运用能力，能够有效改进教学技能，提高技能的精准度。案例教学法要求用教育教学理论分析教学事实，通过教学事实理解和检验理论，这种思维训练能够帮助学习者养成行动中反思的习惯和能力，有助于教学能力的整体提升。为了保证案例的有效性，我们选择了多种教学案例，包括编著者专门为本书编写的案例、编著者此前发表的案例、编著者所指导的语文教师和中文师范生撰写的案例，以及期刊上公开发表的其他研究者或语文教师的案例（此种案例中，有部分案例因无法联系上原作者而未能征得他们的同意，在这里向他们表示歉意）。案例的选择以适用为准。所选的案例大多较为优秀，体现了技与道的融合，有利于学习者借鉴。

总之，本书努力构建技道相融的内容体系，以启示语文教学技道相融之途径。学习者应积极与文本和编著者对话，明确编著者的意图，领会书中的内容，寻找适合自己个性的学习方式，不断提高自身理论修养和实践能力。与此同时，学习者还要厚植教育情怀，提高立德树人的使命感，为学习提供不竭的精神动力。我们相信,通过勤学、巧练、深思,每位学习者最终都能达到技道合一的境界。

练　习　题

1. 语文教学技与道的内涵分别是什么?
2. 语文教学技道相成的途径有哪些?
3. 为自己制作一个合理可行的语文教学能力提升计划。

第一章 语文教学设计与教学实施概述

对于语文课堂教学来说,最重要的是做好课前的教学设计和课中的教学实施。设计与实施密切关联。设计,指在正式做某项工作之前,根据一定的目的要求,预先制订方法、图样等。实施,指用实际行动去开展、施行。教学设计可以保证教学实施的合理和高效,教学实施可以检验教学设计的作用和效果。对于语文教师来说,设计、实施宜并重。一方面,在实施教学之前,应对语文教学目标、重点难点、方法手段、教学过程等进行精心设计;另一方面,在设计教学之后,应根据设计完成教学的各环节,使教学目标得到落实。当然,教学设计并非不可移易的,在教学实施中,教师往往需要根据具体教学条件和学情对设计进行调整和创生。

第一节 语文教学设计概述

教学设计包括课程设计和课堂教学设计。本书主要研究后者。教学设计是课堂教学的前提和起点。"教学设计的有效性程度,直接决定着课堂教学的有效性程度。"[1]教学设计古已有之,语文新课程实施以来,教学设计备受重视,对于教学设计"是什么""凭什么"即内涵、原则与依据等的研究也逐渐走向深入。

一、语文教学设计的内涵

教学设计是语文教师的一项常规工作,是教师思考和解决教学领域问题的过程。比较精准且具有代表性的"教学设计"定义是:"教学设计是在设计者关于学与教的原理指导下展开的对教学活动及其过程的规划,是一种系统化与反思性的过程。"[2]我们认为,教学设计是教师在教学理论指导下对教学行为的预

---

① 许书明.语文有效课堂教学设计与实施[M].北京:中国社会科学出版社,2011:7.
② 倪文锦,谢锡金.新编语文课程与教学论[M].上海:华东师范大学出版社,2006:205.

设,其内容主要有:确定教学目标、安排教学程序、配置教学资源、制订教学方案、预设教学评价。

语文教学设计是教学设计中的一种,是教学设计的思想和方法应用于语文课程教学中的产物。结合当前语文课程改革的成绩和方向以及前人成果,我们界定这一概念如下:语文教学设计是语文教师、中文师范生及其他语文教育工作者以培养学生语文学科核心素养为目的,根据语文课程性质和学生学习特征,确定教学目标,选择教学方法,安排教学环节,预设教学评价的过程。这个定义的要点有三个:一是明确了语文教学设计的主体,即语文教师、中文师范生和其他语文教育工作者;二是明确了语文教学设计的目的,即培养学生语文学科核心素养;三是语文教学设计的主要内容,即教学目标、教学方法、教学环节、教学评价,这四点并非语文教学设计的全部,却是设计中必不可少且较难处理的部分。

二、语文教学设计的原则

语文教学设计是对课堂教学的科学预测,为了提高设计的有效性,需要遵循整体性原则、生成性原则、因材施教原则、开放性原则。

(一)整体性原则

整体性原则就是把研究对象看作由各个构成要素形成的有机整体,从整体与部分相互依赖、相互制约的关系中揭示对象的特征和运动规律,研究对象整体性质。整体性原则是语文教学设计需要遵循的重要原则。语文教学设计是一个系统计划的过程,需要对各部分的功能和地位进行全面考察,并对各教学要素进行有序安排,从而构建一个有机的教学整体。

(二)生成性原则

生成性原则是指在工作过程中对材料进行加工,以促成新质的产生。生成性原则也是语文教学设计的重要原则。在设计时,既要科学预设教学目标和教学走向,预测学生的学习困难和解决学习困难的途径,同时,又要为课堂教学的动态生成创设问题和情境,预留空间与时间。课堂教学受教师、学生、编者、作者、话题、教学环境等多种因素的影响,常常会出现出乎意料的问题和答案,生发难以预设的场景和时机,需要相应地调整教学内容,安排教学活动。

(三)因材施教原则

因材施教原则指在教学中要根据学生的个体特征进行教学,使每个学生都能获得应有的发展。语文课程是面向全体学生、以学生为学习主体的,语文教学设计也要以"让每一个孩子健康成长"为出发点和归宿。大教育家孔子就留下了许多因材施教的范例,今天的教师也多注意因材施教。阅读、写作都是学生的个性化行为,学生的语文学习具有差异性,所以语文教学尤其需要因材施教。为了做到因材施教,应深入了解学生,根据学情确定教学目标、选择教学内容、应用教学手段、评价教学效果。

(四)开放性原则

理想的语文是开放而有活力的课程。在进行教学设计时,要遵循开放性原则,需要有开放的意识、创新的能力。一方面注意继承我国传统语文教育的有效方法,如巧识字,多读书,诵读涵泳,圈点勾画等;另一方面密切关注现代社会发展的成果和需要,适当地引入语文教学当中。此外,在进行语文教学设计时,还要重视语文教学与历史、哲学、自然、地理等课程的联系,实现学科之间的渗透,以拓宽语文学习和运用的领域。

三、语文教学设计的依据

语文教学设计不能凭空设想,而应以语文教学的规律和条件为依据,这样才能做到准确定位、合理规划、有效实施。语文课程标准、语文教材、语文教学主体是语文教学设计的主要依据。

(一)语文课程标准

"语文课程标准是国家(或地区)颁布的指导和规范语文学科教学的纲领性文献,它具有法规性和强制性,代表着一个国家(或地区)在某一个时期对语文教育的规定与要求。"[①]21世纪以来,教育部先后颁布了三个版本的义务教育语文课程标准,分别是《全日制义务教育语文课程标准(实验稿)》《义务教育语文课程标准(2011年版)》《义务教育语文课程标准(2022年版)》;先后颁布了三个版本的高中语文课程标准,分别是《普通高中语文课程标准(实验)》《普通高中语文课程标准(2017年版)》《普通高中语文课程标准(2017年版2020年修订)》。语文课程标准规定了语文课程的性质、理念、目标、内容,提出了语文教学和评价建议,为语文教学设计提供了纲领性的指导和依据。

一般而言,教学设计要依据最新版课程标准。《义务教育语文课程标准

---

① 倪文锦,谢锡金.新编语文课程与教学论[M].上海:华东师范大学出版社,2006:206.

(2022年版)》规定了核心素养导向的义务教育阶段语文课程总目标和学段要求,《普通高中语文课程标准(2017年版2020年修订)》规定了高中阶段语文课程总目标,并分别为"整本书阅读与研讨"等十八个学习任务群设置了较为具体的学习目标与内容。以此为依据,在为语文教学设计确定教学目标时就不会偏离方向。此外,语文课程标准还提出了一些重要的语文教学原则和方法,说明了相应学段的课程结构和学科知识结构,规定了各学段的学业质量标准,这些为教学设计提供了指导。

(二)语文教材

语文教材有广义和狭义之分。广义的教材指一切应用于语文教学的材料,狭义的教材指语文教科书,即专门编写的为学生上课和复习用的书。语文教材是语文课程目标的重要载体,是教师展开语文教学、学生进行语文学习的主要凭借,也是语文教学设计的重要依据。从某种意义上来说,语文教学设计就是围绕教材中的生字词、课文、表达与交流材料、综合性学习材料进行教学设计。熟悉和理解语文教材,熟练运用语文教材来组织教学,是对语文教师教学能力的基本要求。

目前,我国中小学使用的是统编本语文教材。所谓统编本,是指由教育部统一组织编写、人民教育出版社出版的教材,教材总主编是北京大学温儒敏教授。统编本语文教材的编写始于2012年,数年后,统编本教材开始出现在人们的视野中。2016年,统编本语文教材在几个省市试用;2017年,全国所有地区小学一年级和初中一年级使用统编本教材;2019年,小学、初中全年级统一使用统编本教材。统编本高中语文教材的编写稍晚于小学和初中,2019年起,我国高一年级也开始统一使用统编本语文教材。与之前的语文教材相比,统编本教材在内容、体例等方面都有自己的特征。一是内容上注重优秀文化的学习和传承。统编本语文教材以立德树人为要务,所选教学材料承载了中华优秀传统文化、革命文化、社会主义先进文化。二是编排上实行双线组元。统编本语文教材根据人文主题和语文要素两条线索来组织单元学习材料,力求实现工具性与人文性的统一。三是阅读教学上体现三位一体的理念。统编本语文教材根据阅读材料的不同教育功能将阅读教学分为教读、自读、课外阅读三种类型,并使三种类型形成一个整体,互相启发和补充。

为了高质量完成语文教学设计,语文教师要深入理解教材。首先,要了解整个基础教育阶段的语文教材,分析其中的语文知识体系和语文能力要求。其次,要熟悉特定学段的教材编排情况,并分析其与相邻学段教材的关系。再次,要钻研具体某一册语文教材的编排情况,熟悉该册教材的内容,了解其编排意图。最后,要研究单元内容和单个教学课题的内容,把握教学要求。只有这样,在进行语文教学设计时,才能从大处着眼,小处着手,对教材运用自如。

(三)语文教学主体

1.教师

教师在语文教学设计中有多重身份。教师是教学设计的制定者,是教学各环节的组织者,是学生学习的指导者,还是学生学习的示范者及伙伴。因此,教师对于语文教学设计至关重要。影响语文教学设计的教师自身的因素,主要有以下几种:教师对语文教育的认知,教师在语文学科知识和语文教学知识方面的储备,教师的临场应变能力,教师的生活经验和语文体验,教师的个性与气质,教师的教学风格,教师与学生的关系。为了做好语文教学设计,教师要善于利用自身资源。例如:如果教师拥有文学才华,在进行写作教学设计时,可以将自己写作中遇到的问题、解决问题的方法和自己的作品设计为教学内容的一部分,以激发学生写作的兴趣,为学生提供写作的范例;如果教师拥有丰富的百科知识,在设计跨学科学习活动时,可以利用自己的知识引导学生开展内容丰富的阅读、交流、探究等活动,综合运用多学科知识发现问题、分析问题、解决问题。

2.学生

学生是教学设计的出发点和归宿。《义务教育语文课程标准(2022年版)》将"立足学生核心素养发展,充分发挥语文课程育人功能"作为语文课程五大理念之首,强调了学生在教学活动中的中心地位。进行语文教学设计时应依据这个理念,深入了解学情,热情服务学生,有效促进每一位学生核心素养的发展。

学情主要指学生的身心特征、认知状况、学习动机等。学生的身心特征是影响教学设计的要素之一。身心特征指学生的身体条件和情绪、思维、性格、兴趣等。通过分析学生的身心特征与学习内容的匹配度,可以预见教学中可能存在的问题和可行的解决方案。认知状况指学生已有的知识储备和学习经验,学生在学习中可能遇到的困难,以及学生在教师的帮助下能够达到的认知水平。通过分析学生的认知状况,可以确定新课的起点和目标,做好新旧知识的衔接和教学内容的选择。学习动机指引发与维持学习行为,并使之指向一定学习目标的动力倾向。它包含学习需要和学习期待两个成分。分析学生的学习动机有助于设计教学情境和选择教学评价策略。只有掌握了学情,教师才能根据学生生理、心理及语文发展水平设计教学方案,使教学方案能够满足全体学生的需求,全面提升学生的语文核心素养。

第二节　语文教学实施概述

教学实施是课堂的直接实现。教学实施是验证教学设计效果,并对教学设计进行二次创造的过程。通过教学实施,师生之间、生生之间、学生与教材之间不断进行对话,最终实现教学相长。

一、语文教学实施的内涵

语文教学实施,就是通常所说的上课,指教师在语文课堂上引导学生积极主动地开展听说读写等语文活动,从而实现发展语文核心素养的目标的过程。如李海林所说,教学设计是解决"做什么"的问题,教学实施是解决"怎么做"的问题。① 语文教学实施,是发生在师生、生生之间的多向度互动中的活动。其中,教师是教学实施的主导者和组织者,为学生的学习与发展服务。教师启动一系列语文活动,激发学生学习、思考。学生是教学实施的主体,在教学实施过程中,学生在教师的引导下,积极主动地进行语文活动,获取知识,发展能力,培养情感、态度与价值观。在教学实施中,师生双方都是主体,都拥有能动性,双方的不断互动使教学过程得以完成。

二、语文教学实施的基本要求

在语文教学实施过程中,教师要准确理解语文课程的性质,有效落实语文课程的基本理念,深刻把握语文教学的育人价值,充分理解并发挥师生双方的能动性,努力体现语文学习的实践性,正确处理工具性与人文性的关系。

(一)深刻把握语文教学的育人价值

2022 年,教育部颁布了新修订的义务教育课程方案和各科课程标准,以全

---

① 李海林. 教学设计与教学实施的区别与关联[J]. 中学语文教学,2018(8):4－7.

面落实新时代立德树人根本任务,进一步深化课程改革。新版课程方案和课程标准从有理想、有本领、有担当三个方面,明确义务教育阶段新时代人才培养的要求,其中非常重要的一点,就是强化了课程的育人导向。语文课程作为母语课程,有着独特的育人价值。新版语文课程标准规定了语文四大核心素养,分别是:

1. 文化自信

文化自信是指学生认同中华文化,对中华文化的生命力有坚定信心。通过语文学习,热爱国家通用语言文字,热爱中华文化,继承和弘扬中华优秀传统文化、革命文化、社会主义先进文化,关注和参与当代文化生活,初步了解和借鉴人类文明优秀成果,具有比较开阔的文化视野和一定的文化底蕴。

2. 语言运用

语言运用是指学生在丰富的语言实践中,通过主动的积累、梳理和整合,初步具有良好语感;了解国家通用语言文字的特点和运用规律,形成个体语言经验;具有正确、规范运用语言文字的意识和能力,能在具体语言情境中有效交流沟通;感受语言文字的丰富内涵,对国家通用语言文字具有深厚感情。

3. 思维能力

思维能力是指学生在语文学习过程中的联想想象、分析比较、归纳判断等认知表现,主要包括直觉思维、形象思维、逻辑思维、辩证思维和创造思维。思维具有一定的敏捷性、灵活性、深刻性、独创性、批判性。

4. 审美创造

审美创造是指学生通过感受、理解、欣赏、评价语言文字及作品,获得较为丰富的审美经验,具有初步的感受美、发现美和运用语言文字表现美、创造美的能力;涵养高雅情趣,具备健康的审美意识和正确的审美观念。

这四大素养从正确价值观、必备品格、关键能力三个方面对语文课程的育人目标提出了具体要求,各有所指又互相交融,规定了语文教学实施的方向。在教学实施中,教师要深刻把握语文教学的育人价值,有意识地引导学生在学习语言文字运用的过程中,逐步培养语言文字运用能力、思维能力和审美能力,树立正确的世界观、人生观和价值观,理解和弘扬中华优秀传统文化、革命文化、社会主义先进文化,提升文化修养,增强文化自信。

(二)充分发挥师生双方的能动性

语文教学实施的过程,是师生双方通过对话进行沟通的过程。为了确保对话的有效性,教学实施中需要充分发挥师生双方的能动性。

一方面,教师应充分发挥自身的能动性。语文教师是独立个体。教师有独特的学习经历与学识修养,有丰富的教育知识和教学经验,有独特的人生经历和生活感悟,有对教师职业的理想,有对学生的感情,这些都会影响教师在教学中的行为方式。教师要充分调动自身有利于发挥教学效果的各自因素,使教学变得生动而有效。教师要树立终身学习理念,加强师德修养,持续积累语文学科专业知识和综合性知识,持续培养语文教育能力。在教学实施中,教师要能够科学地使用语文教材和其他课程资源,实现教学内容的更新;能够将现代信息技术与语文教学相融合,创设富有启发性的语文教学情境;能够精心设计和组织语文学习活动,重视启发式、讨论式、项目式教学,提高语文课堂教学质量。

另一方面,教师要尊重学生的学习主体性。对于教学实施来说,学生并不是一个集体性的模糊的概念,而是一个个鲜活的个体。每一位学生都是一个独一无二的个体。他们热爱生活,渴望得到教师的关注,希望能够表现自己的能力。在语文学习上,学生有自己的经验。他们课外可能读了很多书,可能喜欢写一些教师没有布置的散文和诗歌,可能掌握了几种非常有效的语文学习方法,当然,学生也会遇到需要教师帮助解决的问题。教师要想方设法地激发学生对语文的兴趣,培养学生学语文、用语文的热情,让学生乐意学习;要教给学生正确的语文学习方法,鼓励学生在语文学习中积极探索,不断地发现问题、提出问题、解决问题,让学生学会学习;要尊重学生对语文问题的个性化理解,鼓励学生在保证合理性的前提下大胆探究,让学生进行创新性学习。

(三)努力体现语文学习的实践性

语文课程是一门学习语言文字运用的实践性课程,在教学实施中应着重培养学生的语文实践能力。实践性指的是语文知识和能力要在实践中获取,同时又对生活实践具有实用价值。语文课堂处处都有实践,识字与写字、阅读与鉴赏、表达与交流、梳理与探究,都是学生积极思维、参与实践的过程。《义务教育语文课程标准(2022年版)》非常重视语文教学的实践性,提出"增强课程实施的情境性和实践性,促进学习方式变革"的理念。要体现语文学习的实践性,教师一方面要设计写字、阅读、讨论、探究、写作、采访、收集资料等语文实践活动,引导学生积极运用语言,创造性地思考并解决相关问题,使学生在大量的语文实践中掌握运用语文的规律,养成乐于实践、勇于探索的良好学习习惯,提高语文学习能力和应用能力;另一方面要将语文学习与生活紧密联系起来,例如,在教学实施中,可以创设生活化的学习情境,将教学内容与学生的生活相结合,或者引导学生以语文知识解决生活中的实际问题。

(四)正确处理工具性与人文性的关系

《义务教育语文课程标准(2022年版)》指出:"工具性与人文性的统一,是语文课程的基本特点。"语文课程性质,是语文课程区别于其他课程的根本属性,在教学实施中,要处理好工具性与人文性的关系,这样才不会偏离教学方向,全面提升学生的核心素养。

语文的工具性指的是,语文是认知、表达、思维、交际的方式和手段。语文课程的工具性是以语言的工具性为基础和前提的。语文课程的工具性主要体现在认知和表达两个方面。语文课程是认知的工具。语言文字是人类最重要的信息载体,通过听说读写等言语活动,可以获得对自然和人类社会的理解。语文不仅是认知一般事物的工具,也是学习其他课程的工具。语文课程还是表达的工具。语言作为载体,它所负载的文化科学知识都具有一定的思想和情感内涵。学生通过口头表达和书面表达,可以提高运用语言知识的能力。语文的人文性着眼于学生的精神成长。人文,指人类社会的各种精神和文化现象。人文性指的是以重视人、尊重人、关心人为本位的价值取向。语文包含丰富的文化和文学现象,以美的形式来展现丰富的思想与情感。工具性重在指明学生应该学什么,如何学;人文性重在揭示学生为什么而学。

工具性与人文性具有内在的一致性,相辅相成,不可分割。在教学实施中,应将工具性与人文性作为一个整体来考虑。例如,在教学《记承天寺夜游》时,不仅要引导学生理解文言词语的含义,分析山水小品的写作特征,还要启发学生体悟字里行间所流露的随缘自适的闲人心态,思考这种艺术化生活的意义。这样,既培养了学生语言文字的运用能力,又促进了精神成长,实现了工具性与人文性的统一。

三、语文教学实施的主要方法

教学实施的方法指的是开展和施行教学的方法。选择合适的方法,能够有效地调动教师和学生的能动性,顺利完成教学任务。语文教学实施方法非常丰富,主要有讲授法、朗读法、谈话法等。选择哪些方法要综合考虑教师、学生、教学内容、教学环境等要素。

（一）讲授法

讲授法是教师通过简明的语言向学生系统传授知识,并促进学生智力与品德发展的方法。讲授是语文教学实施的一种主要方法,运用其他方法,都需要配合适当的讲授。在教学某些重要的语文知识、分析课文内容、讲解文章写作背景时,往往需要用上讲授法。运用讲授法时,需要注意两点:一是要了解学生,使所讲授的内容、所花费的时间、所使用的语言适合学生的年龄与个性特点,适合学生已有的语文知识与能力水平。对于低年段的学生,讲授的内容不可过于深奥,一次讲授的时间不宜过长,讲授的语言要通俗易懂,生动活泼;对于高年段的学生,讲授的内容应较为深刻,一次讲授的时间可以稍微长一点,讲授的语言应较为精练且富有表现力。二是讲授要追求对话性和启发性。讲授法是教师讲、学生听,却不能变成教师的"独角戏",讲授时要注意启发、引导,提升学生的兴趣,激活学生的思维,解决学生的疑难,触发学生的联想,使讲授的过程成为教师与学生传递知识、交流思想、沟通情感、分享感悟的过程。

例如,李洪丹的《〈秋天的怀念〉教学实录》中,在导入阶段作了如下讲授:

"在阅读文章的时候,从题目入手提出疑问,解决疑问,往往也就读懂了全文,这是一种阅读的方法。这节课我们就围绕同学们提出的这几个问题来展开探讨。要想知道作者怀念谁,为什么怀念,我们首先要知道作者经历了什么。这对理解文本非常有好处。"①

这段话通俗易懂,意义明确,既向学生传递了阅读文章的方法,也激活了学生的阅读思维,为进一步的教学实施做好了铺垫。

（二）谈话法

谈话法又叫问答法,是通过师生问答引导学生思考、探究,促进学生获取或巩固知识、发展思维、培养能力的方法。谈话法也是语文教学实施中常用的方法。谈话法是师生之间的直接对话,有助于激发学生的思维,调动学生的积极性,培养学生的独立思考能力和表达交流能力。使用谈话法,要注意三点:一是师生之间的问答要建立在平等的基础上。教师不能以居高临下的态度或苛刻

---

① 李洪丹.《秋天的怀念》教学实录[J].语文教学通讯,2019(Z2):61.

刁难的方式向学生提问,应尊重学生的年龄特点和知识水平,在谈话过程中判断要客观,态度要热情,要肯定学生的优点,也要以不伤害学生自尊心和积极性的方式指出学生的缺点或不当之处,以促进学生进步。二是在谈话中要尊重学生的独特体验。语文课程的特征决定了语文问题的多解性,许多问题有多种答案。对于那些主观性的问题,教师不可执着于所谓标准答案,而应给予学生思考和发挥的空间,使语文课堂真正变成有创意、能生成的课堂。三是教师的提问应该有的放矢,要围绕教学目标设置有意义、有启发性、有层次性的问题,引导学生层层深入地追问、探索和反思。仍以上文提到的《〈秋天的怀念〉教学实录》为例来分析。在分析课文所抒发的情感时,教师提出一系列问题,要求学生回答:

师:所以是秋天的怀念! 最后一个问题,这怀念里有哪些情感呢?

生:有对母亲的愧疚。

师:能不能结合文本说说?

生:本来已经答应跟母亲去看菊花了,但是没有完成母亲的心愿。

师:没有看上菊花。但他愧疚的仅仅是这个吗?

生:他还愧疚没有完成母亲的遗愿。"咱娘儿俩在一块儿,好好儿活"是母亲的遗愿,可是母亲却不在了,并没有和他一起好好活下去。

师:所以怀念中包含了没有让母亲看到他振作起来的愧疚;包含了对母亲的告慰;还有他重拾的希望! 他感悟出来的,还有什么?

生:对母亲的眷念。

生:对母亲的感恩。

师:他怀着这些心情在深沉地怀念着母亲! 同学们,你们在上课之初提出的问题现在懂了吗?①

"理解作者对母亲的怀念之情"是《秋天的怀念》的教学目标和教学重点内容。通过谈话,学生的思考逐渐深入,对问题的理解逐渐变得清晰、准确、全面,能够解读出作者的怀念中包含了对母亲的愧疚、告慰、眷念、感恩之情,也包含了对生活的希望。这样的谈话法是富有成效的。

---

① 李洪丹.《秋天的怀念》教学实录[J].语文教学通讯,2019(Z2):62-63.

（三）朗读法

朗读法是通过教师和学生的朗读,帮助学生理解文本、发展思维、培养审美能力的方法。朗读法是语文教学实施中十分常用的方法,阅读教学尤其离不开朗读法。语文的课文大多是文质兼美的作品,通过朗读,学生不仅能够感知文本的语言之美和内容之美,加深对课文内容的理解,而且能够提升普通话水平,增加语言的积累。在使用朗读法时,要注意两点:一是重视教师范读的作用。教师的范读可以营造一种浓郁的学习情境,将学生带入语言所营造的艺术氛围中,帮助学生培养语感。为了提高教师范读的效果,教师要经常练习朗读,使自己能够通过朗读准确地传达作品的内容、情感、思想、艺术。二是重视朗读方法的指导。朗读有法,要做到正确、流利、有感情地朗读课文,就要注意咬字吐字的准确、朗读节奏的适当、语气语调的控制等等。教师要通过范读、讲授、表扬、纠正等方式教给学生明确而实用的朗读方法。有的老师喜欢向学生提出"美美地读一读""香香地读一读"等要求,并以"读得真美""读得真香"对学生的朗读进行评价。这类要求和评价难以捉摸,学生听了不得要领,这样的指导是无效的。

第三节　正确处理预设与生成的关系

语文教学设计是对教学实施的预设。在实际教学中,一字不易地按照教学设计来实施的几乎没有,教师往往会根据具体情况调整教学目标,改变教学内容,替换教学方法,这就是生成。课堂教学从本质上讲是预设与生成、封闭与开放的矛盾统一体。为了提高教学的质量,语文教师应正确处理预设与生成的关系。

教学预设是教师在实施教学之前依据课标、教材、学情、教学条件等对教学目的、内容、方法、过程、结果等的规划、假设与安排。教学生成是教师和学生在教学实施过程中根据课堂教学本身的进行状态而产生的新的教学目的、内容、方法、过程、结果。生成是新课程理念下语文课堂教学的重要特征,它强调课堂教学要打破因循守旧、机械僵化的教学模式,构建不断生长的教学过程。教学生成意味着在教学实施中教师和学生根据不同的教学情境进行创生。

预设与生成是教学的基本要素,彼此相互关联。"教学预设的目标指向生成,教学生成是对教学预设的创造性呈现。"①处理好二者的关系,可以实现二者的相互促进。预设与生成的主体是教师和学生。一般而言,预设是教师的个人行为或是教师群体协商的结果,但预设是建立在学情的基础之上的,从这个意义上说,学生也参与了预设的过程。生成可以由教师引导、学生完成,可以由教师完成,也可以由学生和教师共同完成。

在进行教学设计时预设须充分。首先,预设要细致、合理。预设越细致、越合理,教学实施就越从容,生成时教师的判断就越准确,生成的质量也就越高。因此,在预设时对教师的活动和学生可能的认知与反应要考虑周到。其次,预设要为生成留足余地。预设要有弹性,例如,对于一些主观性问题,教师预设的学生答案不可标准化,而应设想各种可能性,考虑好如何针对学生的不同问题和答案进行引导、讲解和评价。在进行教学实施时生成须有据。生成是在既定的教学要求和条件下实现的,不能离开特定的教学要求和条件随意生发。例如,某位教师教学《祝福》前,预设了"理解祥林嫂的悲剧成因"这个教学目标,在课堂上让学生思考和回答这个问题:是什么造成了祥林嫂的悲剧? 在教师的预设中,学生给出这样的答案:"文化原因——男尊女卑的观念和迷信思想","政治原因——阶级剥削与压迫","人性原因——看客的麻木和自身的软弱"。但第一位站起来回答的学生说:"鲁迅笔下的女性大多很卑微,但事实上,鲁迅生活的那个时代,很多女性并不是祥林嫂这样的,相反,当时很多女性很有才华,也很勇敢,例如林徽因。我很好奇,鲁迅为什么不写这样的女性呢?"老师接过话说:"你这个问题提得好! 我们就来谈谈鲁迅为什么不写有才华有勇气的女性。"于是教学内容就偏向鲁迅的写作题材去了,一直到下课都没有回到"祥林嫂的悲剧成因"这个问题上来。这位教师和学生一起改变了教学内容,离开了文本解读,偏离了原定的合理的目标预设和内容预设,使教学实施背离了教学主题,这样的教学不能称为真正的生成。

在处理语文教学中预设与生成的关系时,要警惕两种倾向:一种是重预设轻生成,一种是轻预设重生成。前者容易导致课堂教学的机械僵化,后者容易导致课题教学的混乱无序,这两种倾向都不利于学生语文学习能力和创造性思

---

① 魏本亚.语文课堂教学预设与生成的哲学思考[J].徐州师范大学学报(哲学社会科学版),2007(6):117-121.

维的培养。造成教师重预设轻生成的原因主要有两点:一是教师对自己的预设能力过于自信也过于执着,认为只有按照预设的目标、方法、内容、环节来实施教学,才能取得最佳效果;二是教师对自己的生成能力和课堂主导能力缺乏自信,担心一旦课堂教学偏离了预设的轨道,自己没有办法妥善应对学生所提出的超出预设的问题,也无法评价学生所给出的超出预设的答案,这样一来,教师不但无法掌控课堂教学节奏,也在学生面前下不来台。其实,无论是过于自信自己的预设能力,还是不相信自己的课堂掌控能力,都是教师没有发挥能动性和创造性的表现,需要教师加以克服。造成教师轻预设重生成的主要原因,是教师对教学生成机制的误解,以及对自己生成能力过于自信。事实上,这种想到哪讲到哪的随意"生成"的教学方式,使语文教学不再成为有目的、有计划的自觉行为,而成为一种即兴发挥式的自发行为,这样的所谓"生成"常常是勉强的、不可控的、低效的,离真正的生成相去甚远。只有重视预设与生成并处理好二者的关系,语文课堂才会成为严肃而不失活泼,有序又处处灵动的空间,成为创新、开放、教学相长的场所。

下面以《天上的街市》片段教学的设计和实施为例来说明如何处理预设与生成的关系这个问题。这个片段教学设计围绕"体会作者的思想感情"这个教学目标设了以下环节和内容:

一、导入新课

同学们,这首诗以奇妙的想象,重新讲述了牛郎织女的故事。这个故事本来是怎么讲的? 诗人为什么要写出不一样的牛郎织女故事? 我们一起来探究这个问题。

二、体会感情

1.说说传统故事中牛郎织女的命运是怎样的。

明确:传统故事中,牛郎织女被又深又宽的天河阻拦,一年只能相会一次,非常凄凉。

2.自由朗读诗歌最后两节,对比牛郎织女的传统故事,分析诗歌对哪些地方做了改写。

明确:这首诗将难以跨越的天河改写成"不甚宽广"的"浅浅的天河",将牛郎织女一年一度依靠鹊桥相会改写成随时能够"骑着牛儿来往",将一个婚恋悲剧改写成喜剧。

3.你喜欢诗人笔下的牛郎织女故事吗？为什么？

预设：喜欢。因为传统的牛郎织女的故事太压抑、太沉重了，牛郎织女的个人力量太渺小了，这样的悲剧故事固然曲折动人，但郭沫若先生笔下的故事更加令人喜悦。而且，这样的改写也符合现代社会人们对幸福生活的想象。

4.分组讨论：诗人通过改写牛郎织女的故事表达了怎样的思想感情？

明确：表达了对牛郎织女的祝福；表达了对自由爱情的向往；表达了对美好生活的憧憬和追求。

如果学生不能理解这首诗表达了诗人对美好生活的追求这一点，此处可出示这首诗的写作背景，以及现代诗人李旦初的评价——"诗人想象中的美丽的天街，正是诗人自己，也是当时人民大众所憧憬、追求的理想社会"，以帮助学生理解诗歌主旨。

5.带着对诗歌情感的理解分组朗读。

6.说一说：你还可以怎样改写牛郎织女的故事？通过改写，你想表达怎样的感情？

学生自由发挥，教师相机点拨。

三、课堂小结

诗歌是抒情的艺术，这首诗由街灯联想到明星，由明星想象天上的街市，想象牛郎织女的生活，借着奇妙的想象和独特的意象，含蓄地表达了自己的感情。同学们学习诗歌的时候，要循着诗人的想象去想象，要通过诵读去体悟，由此实现与诗人的对话，做到和诗人心意相通、情感共振。

四、课外作业

运用课堂上所学方法阅读郭沫若的《炉中煤》，体会这首诗抒发的感情。

这个教学设计目标明确，主线清晰，教学内容和教学环节较为具体，同时又留足了思考和生成的空间，是符合教材特征和学情的合理预设。在真正实施过程中，大多地方与教师的预设高度接近，不过，在回答"诗人通过改写牛郎织女的故事表达了怎样的思想感情？"和"你还可以怎样改写牛郎织女的故事？"这两个问题时生成比较丰富。在回答前一个问题时，学生先后说出教师预设的答案，即"表达了对牛郎织女的祝福"，"表达了对自由爱情的向往"，"表达了对美好生活的憧憬和追求"。除此之外，有学生认为，诗人通过改写牛郎织女的故事，表达了对王母娘娘之类的压迫人的势力的憎恶和反抗，虽然诗中没有明说，但当时作者所生活的时代仍然充满了压迫,诗人想象中的牛郎织女的生活越美好,就越能反衬诗人对现实中的压迫人的统治者的憎恶和反抗。这样的回答是非常合理的,是学生以知人论世的方法积极与文本对话、与作者对话的结果,是令人惊喜的教学生成。在回答后一个问题时,学生能够合理想象,构想出较有新意的牛郎织女故事。有学生写道:

织女与王母娘娘谈条件,她愿意为天宫纺织云锦,以此换取一家人相聚的机会。王母娘娘毕竟是织女的外祖母,过了这么久,其实也差不多消气了,就答应了织女的条件。如果哪天天上布满美丽的云霞,那就代表这一天牛郎织女和他们的孩子在一起快乐地游玩。

还有学生这样写:

牛郎织女的一儿一女长大了,练就了千变万化、飞天遁地的本领。他们晚上悄悄地将父母接到家里,白天又将父母送到银河两岸。王母娘娘老了,神通逐渐退化,所以一直没有察觉此事。牛郎织女一家四口每天晚上都能团聚,日子过得很幸福。

需要指出的是,在语文教学中,有时生成情况和教学预设并不冲突,这说明教师能够精准把握教学目标和教学内容;有时生成情况和教学预设差异较大,甚至互相冲突,这也许是因为教学预设时研判不准,也许是因为教师教学能力有欠缺,难以把握教学实施过程,也许是因为学生的创造性被充分激发,远远超过教师预期。当教学实施离教学预设越来越远时,教师要适时进行教学反思,准确研判教学情势,以决定是否需要调整教学策略。总之,预设与生成是语文教学的两个要素,语文教师要善于预设与生成,使语文课堂成为有序、活泼、创新、和谐的高效课堂,从而充分发挥语文课程的育人功能,促进学生语文核心素养的发展。

练　习　题

1. 语文教学设计的内涵是什么? 在进行语文教学设计时要遵循哪些原则?
2. 语文教学实施的内涵是什么? 语文教学实施的基本要求有哪些?
3. 选择一篇课文进行教学设计和教学实施,分析其预设和生成的有效性。

第二章　语文教学的准备技能

教材分析、学情分析和开发课程资源是教师在制定教学设计前要做的一项基础工作,是制定教学目标及重难点的重要依据,也是教学活动的依据。教科书编者整合了众多文质兼美的文章呈现给学生,但一方面,学生自身的认知水平难以合理运用教材,需要教师进行文本解读后再引导学生学习;另一方面,统编教材的普适性使得教师在使用过程中必须结合学生实际情况,并以此为依据选取适合的教学内容和教学方法,做好教科书编者、学生、教材与其他课程资源之间的联结,以符合新课标所提出的教师应"综合考虑教材内容和学生情况"①。

第一节　教材分析技能

教材是语文课程的基本资源,语文教材分析指的是语文教师依据语文教学的需要,对教材内部单元和课文文本进行分析,需要结合课程标准、语文学科知识、单元主题、课文内容、课文功能、文体特征、写作特点等,初步生成适合学生学习的语文教学内容。教材分析的过程,其实是教师自我学习、自我内化和自我创造的过程,是促进教师专业发展的必经之路。

一、教材分析的重要性

教材分析是阅读教学的整个教学场域得以维持的基础与前提。于永正老师曾言:"课前,老师得先和文本对话,即钻研好教材。只有把教材把握好了,才能取得和学生对话的资格,进了课堂才能引导学生和教材对话。"②阅读教学过程中,学生、教师、教科书编者、文本这四要素之间的相互关系如下图所示:

---

① 中华人民共和国教育部. 义务教育语文课程标准:2022 年版[M]. 北京:北京师范大学出版社,2022:45.

② 于永正. 于永正文集[M]. 徐州:中国矿业大学出版社,2002:227.

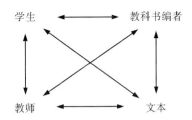

二、教材分析的层次与路径

教材是一个静态的、非在场的语言符号系统,语文教师对教材的分析一般是层层递进的,对应着语文教师在逐层解读文本时的多重身份。

语文教师作为教学的主导者,在分析教材时不宜过早地用"语文教师"这一身份禁锢自己,而应逐层进行文本解读。首先,作为普通阅读者,从感性层面读出教材的真实味道,在独立阅读中寻得"感发点";在此基础上,从文艺研究者的角度进行理性层面的阅读,在把握文本原生价值的同时挖掘"关键点";最后才是真正作为教育研究者,结合学生的学习规律及阅读过程,思考课文的教学功能与教学要点,将课文文本的原生价值转化生成为教学价值,精心设计"教学点"。

诗歌作为语文阅读教学中的重要文体,具有篇幅短小、阻拒性强、意蕴深广的特点,较难为初中学生所掌握。因此,在诗歌教学中,教师的教材分析能力就显得尤为关键。下面以诗歌阅读教学(统编本七年级上册《次北固山下》)为例,详细阐述教材分析的具体过程。

为了论述方便,先引《次北固山下》全诗于前:

客路青山外,行舟绿水前。潮平两岸阔,风正一帆悬。

海日生残夜,江春入旧年。乡书何处达? 归雁洛阳边。

(一)作为普通阅读者的教材分析

普通阅读者在进行教材分析时往往处于感性阅读层,将教材当作普通文本来读,即李华平教授所说的"一般性社会解读"。这一层面的教材分析是最浅层次的,分析角度和深度由个人价值观念所决定,因而具有较强主观性和随意性。新课标在第四学段阅读目标与内容中提出"欣赏文学作品,有自己的情感体验"①。这不仅仅是学生应达到的阅读目标,更是每位语文教师所必须达到的,

① 中华人民共和国教育部. 义务教育语文课程标准:2022 年版[M].北京:北京师范大学出版社,2022:14.

作为普通阅读者的语文教师应在这一层次中通过独立、反复的阅读来寻得教材的"感发点"。

如在阅读《次北固山下》时,"潮平两岸阔,风正一帆悬"一联初读时扑面而来的是意境开阔的盛唐气象,再读则生发出一丝迷惑——这江水平与不平怎会影响到那两岸阔与不阔? 这风要如何"正"才能使得那孤帆"悬"在江面? 看似疑窦丛生,想来又确是有理有情,倒是应了《红楼梦》中那香菱学诗的经典言论:"合上书一想,倒像是见了这景的。"涌涨的春潮与两岸齐平,无端地开阔了船中人的视野。画面恢宏,江水平平,没有什么奇观异景,风中悬着的那一帆就显得格外醒目。在反复吟诵细品之下,这一江南水乡之景竟与边塞荒凉的"大漠孤烟直,长河落日圆"有了说不清道不明的关联,再联想起两诗尾联中的"归雁洛阳边"与"归雁入胡天",不禁为这诗的解读又增添了几分趣味。

以上都是自然的阅读体验,是单凭真实的审美直觉所解读出的结果,不能作为客观的教材分析直接作用于语文教学,因而常常被语文教师忽略。实际上,这是教材分析必不可少的首要环节,也是语文教师专业功底与素质的体现,旨在"读出自己的理解、情感,读出文章的妙处,读出自己的惊喜"①。余映潮老师也提出"能够读出课文的味道,是语文教师的第一基本功;没有优秀的、精致的、深刻的课文研读,一定难以产生优质的课"②。

"教师自己对教学文本的体验、感悟和解读的精准度,将在很大程度上决定一节课的质量。"③因此,语文教师在对教材进行分析时,不宜过早地用"语文教师"这一身份来禁锢自己,而应首先作为普通阅读者去进行感性层面的独立阅读,以体悟文本情感。通过反复阅读来提高言语敏感度,通过广泛阅读来拓宽自身文学场域,只有这样的独立感悟才能读出课文文本的真实味道,从而最大限度地保留教学灵气,并在此基础上进行作为文艺研究者的教材分析。

(二)作为文艺研究者的教材分析

文艺研究者在进行教材分析时往往处于理性阅读层,也即李华平教授所说的"文艺领域的文本解读"。作为文艺研究者,应如刘勰所言"无私于轻重,不偏

① 于永正. 于永正文集[M]. 徐州:中国矿业大学出版社,2002:227 - 228.
② 余映潮. 这样教语文:余映潮创新教学设计 40 篇[M]. 北京:教育科学出版社,2012:前言 1.
③ 胡明道. 文本的适度开发与创意设计[J]. 中学语文教与学,2009(10):33.

于憎爱"①。因此,这一层面的文本解读较之"一般性社会解读"要更为客观、深刻,聚焦于语词凝练的诗歌文本,注重品味那些蕴藏在语言之中的丰富内涵,兼顾内容解读和形式解读,这是一个"披文以入情"的过程,旨在把握课文文本的原生价值。以《次北固山下》颔联"潮平两岸阔,风正一帆悬"为例,我们可以尝试对其进行细读,挖掘文本的"研究点":

江潮平与不平,似乎并不影响两岸的实际距离,何来"潮平两岸阔"之说?然而从古至今,关于此类场景的表述并不少见——《庄子·秋水篇》"泾流之大,两涘渚崖之间,不辨牛马";孟浩然写洞庭湖"八月湖水平";白居易《钱塘湖春行》"水面初平云脚低"……在这一互文解读的过程中我们发现:诗人的视线拉得很远,观察的画面也就随之开阔。需要注意的是,从地理位置来看,王湾所处的北固山下恰是当时的入海口,所以才有了这出江入海的"潮平两岸阔"以及颈联的"海日"与"江春"。

"一帆"有本作"数帆",这也是一个研究点。首先,"一帆"更能"以小景传大景之神"②,突出画面的恢宏与平顺,而"数帆"难免分散了些许注意力,诸如"孤帆一片日边来""孤帆远影碧空尽"亦是此理;其次,在万家灯火的除夕夜,江面上只有王湾所乘之舟"一帆"悬于天地间,"每逢佳节倍思亲"是人之常情,这也与起笔"客路"、结尾"乡书"相呼应;最后,从诗律上说,"一帆"与"两岸"更为对仗。

除此之外,本联中的"悬"字也极具表现力。贺裳《载酒园诗话》卷一说"正"字和"悬"字互相配合,"若使斜风,则帆欹侧不似悬矣"③。要如何"正"的风才能使得那孤帆"悬"在江面?只有"顺风",才能有首联的"行舟绿水前";只有"和风",船帆才能以高挂的态势"悬"于空中。值得一提的是,《广韵》中对于"平"字的解释——"平,正也",可见对仗工整,字字锤炼。

传统"思乡"题材的诗歌往往消极悲观,而本诗却一反常态,格调昂扬、明朗,给人以积极、乐观、奋发的艺术享受,以工丽的语词和恢宏的气象来赞美永恒的生命力。这实际上是"盛唐气象"的具体表现。"盛唐气象"出自宋代严羽的《沧浪诗话》,作为宋元明清时代文学批评的专门术语,指盛唐时期诗歌"既笔

---

① 刘勰. 文心雕龙:白话今译[M].熊宪光,译.重庆:西南师范大学出版社,1996:136.
② 王夫之.姜斋诗话笺注[M].北京:人民文学出版社,1981:92.
③ 陈增杰.唐人律诗笺注集评[M].杭州:浙江古籍出版社,2003:83.

力雄壮,又气象浑厚"①的总体风貌特征,如"气蒸云梦泽,波撼岳阳城"(孟浩然《望洞庭湖赠张丞相》)、"会当凌绝顶,一览众山小"(杜甫《望岳》)等。《次北固山下》中潮平岸阔、脱胎于残夜的海日以及闯入旧年的江春等画面的确呈现出一种恢宏阔大的意境、饱满高朗的表现力以及新鲜充沛的元气与生机,这与"盛唐气象"是吻合的。因此,好提携后进、锐意改革的当朝宰相张说十分欣赏"海日生残夜,江春入旧年"中所蕴含的辞旧迎新之意,甚至将《次北固山下》颈联"手题政事堂,每示能文,令为楷式"②。

　　以上是较深层次的教材分析,是经过理性思考、文献查阅之后所解读出的结果,是对课文文本的一个总的把握。由于课堂容量和学生水平有限,这一结果同样不能作为教学内容直接作用于语文教学,但"坚持独立地钻研教材也是对教师自我发展、专业成长的必然要求"③。在学生随堂提出诸如以上的疑问时,教师也不至于被学生一些看似有理实则偏颇的说法所迷惑或者搪塞收场,而是可以从容地对学生进行引导,使其摆脱在一个不恰当的层面上钻牛角尖的困境。因此,语文教师理性层面的教材分析也至关重要。

　　要做好这一层面的教材分析,需要语文教师通过"博观"来不断提高自己的解读水平,做到"操千曲而后晓声,观千剑而后识器"。正如于漪老师所言:"应对文章整体感知,弄清楚写什么,表达怎样的思想感情,作者是怎样写的,为什么要这样写而不那样写……字面上怎样理解,字背后有哪些丰富的、精辟的、启人深思的寓意,语言的表现力如何,魅力何在,更换其他的行不行,原因何在,等等。"④只有通过这样独立自主的研读,语文教师才能从浅层次的"标准答案"中跳出,不再依赖教参进行照本宣科式的教学,而是读出教材的深层味道,并在此基础上进行教学性文本解读。

（三）作为教育研究者的教材分析

　　作为教育研究者的教材分析是语文课程与教学领域的一种目的性阅读。它指的是教师在经历了普通阅读、文艺研究的过程,在基本掌握了教材的"关键点"之后,还要依据学生的身心发展特点,对学习规律及阅读过程进行深刻理

---

① 王国维.人间词话[M].合肥:安徽文艺出版社,2010:23.
② 陈增杰.唐人律诗笺注集评[M].杭州:浙江古籍出版社,2003:81.
③ 方关军.独立钻研教材:有效备课的根基[J].语文教学通讯(初中版),2006(12):15.
④ 于漪.给语文教学加点钙[M].上海:上海教育出版社,2001:14.

解,思考教材的教学功能与教学要点,将课文文本的原生价值转化生成为教学价值,从而完成一篇课文"教学点"的教学设计。简而言之,作为教育研究者的教材分析实质就是一个思考"教什么""怎么教"的过程。

1. 教什么——教学目标与内容

学生需要学得哪些知识与能力? 通过怎样的过程与方法? 感受哪些情感、态度与价值观? 哪些地方学生能自己发现? 哪些地方需要教师的点拨和引导? 哪些地方需要详细进行讲解? 是否让学生对诗歌进行"翻译训练"? 这些"教学点"的设计需要教师考虑诗歌文本的单元价值和学生的自身经验。

诗歌文本内涵丰富,当它自成一篇时,我们可以从不同角度对其进行解读,而课文文本作为语文教材单元中的一篇,不可避免地承载了这一单元独特的教学价值。因此,语文教师在作为教育研究者进行教材分析的时候也就必须联系诗歌文本在教材中的位置来考虑教学要点,重在挖掘课文文本所处单元的知识价值、能力价值和思想价值,这其实也是教师与教科书编者之间对话的过程。例如,《次北固山下》位于统编本语文七年级上册第一单元的第四篇课文《古代诗歌四首》。在知识价值方面,《古代诗歌四首》是学生在初中阶段第一次接触古诗,教师就应讲授"诗歌分类"这一基础知识,并注重培养学生对诗歌的亲近。在能力价值方面,单元导语对教学内容提出的建议是:"学习本单元,要重视朗读课文,想象文中描绘的情景,领略景物之美;把握好重音和停连,感受汉语声韵之美。还要注意揣摩和品味语言,体会比喻和拟人等修辞手法的表达效果。"由此可见,本单元语言教学的主要目标便是品赏语言的美,教师应引导学生在朗读中品赏《次北固山下》中优美生动的文学语言,培养学生感悟古代诗歌内容的能力。在思想价值方面,单元导语也给出了提示:"日月经天,江河行地,春风夏雨,秋霜冬雪,大自然生生不息,四时景物美不胜收。本单元课文用优美的语言,描绘了多姿多彩的四季美景,抒发了亲近自然、热爱生活的情怀。"这三个"美"字就向语文教师提示了本单元教材文本和教学内容的特点,明确了审美教学的目标,因此,《次北固山下》就应有一条情感线是作者赏景时的喜悦之情,而不单单局限于思乡。

学生作为阅读者,有其自身先验的理解和感受,这来源于他们的生活经验和阅读经验。作为教育研究者的语文教师应当寻找到那些学生单凭自身经验无法理解和感受到的地方,并以此作为"教学点"来设计教学,帮助学生通过语文学习提高理解力和感受力,丰富学生的阅读经验。例如,教师在设计教学《次北固山下》的时候应当注意到:在知识经验方面,学生已经依次学习了《古代诗歌四首》中的乐府诗《观沧海》和七言绝句《闻王昌龄左迁龙标遥有此寄》,对诗歌的体裁有了初步的了解,因此,教师应以律诗这一诗歌体裁作为文体常识方面的教学点;在生活经验方面,他们也已经有了一定的赏景经历,但大多缺乏思乡的情感体验,因此,教师应以学生难以感受到的思乡之情作为情感方面的教学点。

2. 怎么教——教学方法与教学环节

在教学方法的选取上,需要考虑到《次北固山下》的教学对象是初入七年级的学生,这一年龄阶段的学生正处在生长发育期,思维较活跃,注意力不易集中。因此,可以通过朗读法、讨论法等教学方法调动学生积极性,引导他们品读诗歌语言、感受诗歌情感。以《次北固山下》颔联的教学为例。相较于异文《江南意》"潮平两岸失,风正一帆悬"仅有一字之差。究竟是"两岸阔"更为妙绝,还是"两岸失"更胜一筹?教师可以在课堂上适时提出这一话题,通过不同形式的朗读引导学生感受和讨论,辅之以不同学者的观点展示,如有研究者认为"两岸失,言潮平而不见两岸也。别本作'两岸阔',少味"①;也有读者认为潮与岸平,则感觉到两岸开,若"两岸失",则潮水泛滥成灾了;在笔者的教学实践中,甚至有学生提出了"失"较于"阔"读音不够响亮,心境也不够明朗的观点。

如果说教学方法是对"教学点"的实施,那么教学环节就是对"教学点"的合理分配。《次北固山下》可按常规的"诗歌教学三环节"进行设计,即"初读诗歌,整体感知""研读诗歌,美点鉴赏""品读诗歌,探究情感"。若学生学有余力,教师可以再加上"拓展延伸,对比阅读"的环节,将其与异文《江南意》进行比较阅读。诗歌文本精简,教师在备课过程中必须仔细推敲教学环节,将精心挑选的"教学点"按照"读通、读懂、读活"的次序,合理分布在教学的各个环节。例如"盛唐气象"若是作为教学点之一,就应安排在第三或第四环节当中,作为课内知识的补充。

综上,我们可以对《次北固山下》的教学思路做如下设计:补充说明律诗这一诗歌体裁,以审美教学为教学目标,围绕一个核心问题——"写了什么景,抒

① 沈德潜.唐诗别裁集:上[M].长春:吉林出版集团股份有限公司,2017:259.

的什么情",以羁旅思乡、赏景之喜为两条情感主线,通过朗读和讨论的教学方式由浅入深地培养学生的审美想象与审美情感。

以上是对《次北固山下》教材分析过程的详细说明,我们在撰写教学设计时可以将其总结为:

《次北固山下》选自初中语文统编本七年级上册第一单元,该单元学习的是四季美景,单元导语建议"学习本单元,要重视朗读课文,想象文中描绘的情景,领略景物之美;把握好重音和停连,感受汉语声韵之美。还要注意揣摩和品味语言,体会比喻和拟人等修辞手法的表达效果"。通过学习本诗,进一步培养和提高学生鉴赏诗歌的能力及审美情趣,并在此基础上尝试创作改编成小散文以抒发自己心中所想、所感。

《次北固山下》是千古传颂的名篇,其中"潮平两岸阔,风正一帆悬""海日生残夜,江春入旧年"是备受称赞的名句。这首诗描绘了诗人在北固山下停泊时所见到的青山绿水、潮平岸阔等江南美景,但时近春节,头顶大雁,发出了"乡书何处达"的感叹。全诗意境优美,情景交融,抒发了诗人旅居外地时赏景时的喜悦之情和深切的思乡之情。

需要注意的是,语文教师进行教材分析的三层次之间没有明显界限,作为教育研究者的语文教师是教材分析的落脚点,但教材分析也只是阅读教学的开始,其最终的目的还是要为学生的学习服务。因此,语文教师应充分发挥学生作为阅读主体的主观能动性,引导学生积极参与,尊重他们的阅读体验,而不是以贩卖山寨结论来代替他们的阅读。

语文教师在进行教材解读时应有大局观,厘清自己的多重身份,循序渐进地进行教材解读。然而,这种层层剖析教材的能力并不是一蹴而就的,它需要教师树立终身学习的理念,在吃透教材的基础上,大量阅读教育理论、文学理论、文学专著,将自身知识与课程资源、生活经验进行整合运用,结合实际学情,不断钻研教学设计、不断进行教学反思,从以上三种身份入手,切实提高自身教材分析能力。

第二节　学情分析技能

学情分析也被称为"教学对象分析""学生分析",包括学生的年龄特征、认知发展水平、已有的知识经验基础、学习态度等诸多方面。现代教学设计理论认为,教学设计应以学习者为中心,基于学生的能力水平和实际需要来设计教学活动。

一、学情分析的重要性

1.更有针对性地设计教学目标和重难点

学情分析需要教师预设学生在学习过程中可能遇到的困难和阻力,并以此为依据确立教学目标。例如教学《中国人失掉自信力了吗》这篇课文时,如果学生课前自学能力较弱,难以自主了解文章的写作背景,那本课的教学难点可能就是"结合时代背景,理解作者的写作意图"。教师通过学情分析能及时发现学生的学习阻碍并及时帮助其克服,学生才能获得更为真实的发展。

2.有助于教师对教学内容的把握

许多教师在做教学设计时直接照搬名师课堂,实施时往往发现与名师公开课的课堂效果相去甚远,这是因为不同学情背景下的教学内容是有差异的。一方面,学情分析有助于克服教学内容浅表性,避免学生在获取知识的过程中缺乏挑战性进而对课堂学习失去兴趣,教师可以根据学情适当发布更为高阶的学习任务,激发学生的学习动机;另一方面,脱离学情设计过难的教学内容往往会造成"沉默课堂",不仅教学目标难以实现,学生也难以获得成功的学习喜悦。

3.有助于教学研究,改进教学方法

在学情分析的过程中,教师用科学的调查方法收集并分析学生的学习数据,并对教与学过程中出现的实际问题进行思考,这其实是教学研究的雏形。在此基础上,教师可以总结教学痛点,形成教师个人小课题研究,并在教学理论的指导下探索教学过程最优化途径。

二、学情分析的方法

1.访谈法

访谈法主要指的是教师在有所准备的情况下与学生面对面进行交谈,通过访谈,教师能够及时了解学生情况、增进师生关系。教师在访谈时应注意做好记录,态度要温和亲切。除此之外,教师还可以对其他科目任课教师、班主任(新接手的班级还可请教原任课教师)以及家长进行访谈,尽可能全面了解学生情况,以便更为客观地做出学情分析。

2. 观察法

教师应有观察意识,重点观察学生的课堂表现,同时也应在平时(如课间)留心学生的举动和言行,找到学生的兴趣点和思维动向等重要讯息。

3. 问卷法

问卷调查的内容设计丰富多样,可由若干知识点组成,可以量表的形式让学生自测,也可发放专题问卷对学生进行专题调查,了解学生对新的教学内容或教学方法的接受度。

4. 材料分析法

材料分析法指的是教师可以通过对多次测试结果进行综合分析来观察班级的学情走向,甚至通过作业、周记等材料,精确分析个体学生的学习情况,进而有针对性地对教学内容和方式进行调整,做到因材施教。

三、学情分析的主要内容

狭义上的学情分析指的是教师在课前对学生起点状态的分析和学生潜在状态的分析。

学生起点状态的分析需要教师结合本单元、本课内容,综合学生的认知基础、已有的学习能力、学习态度和学习习惯等方面,再选取适当的教学内容和手段制定教学设计。如对于学生已掌握的知识,教师在制定教学设计时就可以略讲这部分内容;对于学生难度较高的问题,教师可以设计启发式提问来引导学生理解,或者增设练习环节以突破难点;对于学生缺乏情感体验之处,教师可以有针对性地实施情境化教学,帮助学生更好地在语文教学实践中体验生活。

学生潜在状态的分析指的是教师需要预设学生在课堂上可能发生的状况,如"学生对某一问题可能会如何反映""教师应怎样应对"等。尤其是在面对挑战性的问题时,往往采用自主、合作、探究的学习方式,因此,教师在制定教学设计时应尽可能全面地做出预案以从容面对课堂上的生成。

广义上的学情分析包含课前、课中、课后三个环节。

课前的学情分析需要确定学生的学习起点,了解学生的经验基础。这一阶段的分析可以以课标所提出的逻辑起点为参照,再结合本校、本年级、本班甚至个体学生的实际情况确定现实起点,包含知识、能力、情感态度与价值观三个维度。教师需要分析出哪些是学生已掌握的、哪些是学生初步掌握了的、哪些是学生通过自学可以掌握的,并以此为依据,力求每节课的教学内容和教学方式都与学生现有水平相适应,使学生能在"最近发展区"经历"跳一跳就能摘到桃子"的学习体验,这将对教学成效产生极大影响。

课中的学情分析需要把握学生的思维路径,及时调控教学活动。课前的学情分析能够帮助教师基本做出教学预设,但课堂教学内容并不是对教师的预设进行演绎,而是师生共同的创生。例如,在阅读教学中,学生往往会对文本产生各式各样的个性化理解,教师应高度注意课堂上的学情变化,通过讨论、倾听等形式实时了解并把握学生的思维路径,同时结合学生的体会和感受及时对教学内容进行调整,保证学生在个性化解读文本过程中的"多元有界"。

课后的学情分析属于教学反思的范畴,需要教师重点关注学生的学习效果。这一分析往往基于学生的作业情况,辅之以课后访谈、问卷调查等形式,考察课堂教学效果和学生的学习体验,并以此为依据调整下次课的教学内容和教学方式,以学生的"学"来改进教师的"教",进而实现教学相长。

值得一提的是,新课标强调"跨学科学习",为此还专门设立了拓展型学习任务群。语文教师在做学情分析时也应注意其他各学科的学习情况,如统编本七年级下册第五单元《登飞来峰》是王安石写于 30 岁之时,正值壮年,此时的王安石初涉宦海,渴望一展抱负,因此借登飞来峰一抒胸臆,以表达宽阔情怀。本诗可看作王安石实行新法的前奏,在设计教学内容时,我们需要结合历史教学进度,考虑到学生是否对"王安石变法"这一历史事件有所了解,再根据实际情况进行知人论世的讲授。

教材分析和学情分析是教学目标设计的重要基础,也是教师上好课的基本保证,对教师顺利完成教学任务、提升课堂教学质量有着十分重要的意义。如统编本高中语文必修上册的课文《故都的秋》,我们可对教材和学情做如下分析。

【案例 2－1】

《故都的秋》教材分析

《故都的秋》是统编本高中语文必修上册第七单元的第一篇课文,本单元的课文都是写景抒情散文,在初中学生能结合注释展开想象、体会作者情感、说出情感体验的基础上,高中语文教学对散文阅读提出了更高的综合性要求,要求学生能从感受性阅读出发,更进一步加强理性欣赏成分,关注自然景物描写中的人生思考和作者观察、欣赏、表现自然景物的角度。

《故都的秋》是郁达夫创作于山河破碎、内外交困的社会背景下,通过对故都北平秋景的细腻描写,抒发了作者内心的眷恋和落寞之情。全文紧扣"清、静、悲凉",以情驭景,以景显情,表现北平特有的"秋味"。学好本课可以提升对自然美的感悟力,激发对自然和生活的热爱之情,同时,对于提高学生文学鉴赏能力、体会民族审美心理也有着重要意义。

《故都的秋》学情分析

本课的教学对象是高一的学生,这个年龄阶段的学生思想趋于成熟,又正处于生长发育期,对新生事物很敏感,和初中学生相比,有主见,有思想,有自己的见解。

在知识和能力方面,高一学生对一些基本的手法,如对比、情景交融等都有所了解,掌握了基本的读散文的方法,但是未能很好地读懂散文。高中阶段是学生发展逻辑思维的重要阶段,教师需要牢牢抓住这一阶段学生的特点,提高他们提取信息、合作探究的能力,培养学生学会思考,通过文学作品对自然的描写反观自然,分析课文的内在意蕴。

在生活阅历上,学生生活环境与本文创作背景存在较大差异,缺乏相关情感体验,不利于学生对本文的理解。这就要求教师引导学生通过鉴赏文章富有表现力的语言,感受作者心灵的搏动,品味作品所描述的美景,使学生既可以受到美的熏陶,又能够领会深厚的人文内涵,由此进入一种审美境界。

第三节　课程资源开发与利用技能

课程资源开发与利用回答的是语文课程"教什么"的问题。韩雪屏等学者把语文课程资源分为以教材为代表的"语文课程基本资源"和由工具书、网络、图书馆、风俗民情、文化遗产等组成的"语文课程相关资源"两大类别。"语文课程基本资源"的开发与利用(即教材分析)我们在本章第一节已有论述,本节简要介绍新课标"语文课程资源"的相关表述,并通过分析实际教学案例,阐述如何在实际语文教学设计中利用好课程资源,从而扩展语文教学内容的深度和广度。

一、语文课程资源开发与利用的原则

《义务教育语文课程标准(2022年版)》在"课程实施"部分明确提出了义务教育阶段课程资源开发与利用的四条原则:

1. 坚持目标导向,精选优质课程资源

课程资源的开发与利用应坚持正确的政治导向,把贯彻落实社会主义核心价值观、促进学生身心健康发展作为首要原则;要从核心素养形成和发展的内在规律出发,紧密结合语文教材内容,选择有利于组织和实施综合性语文实践活动的优质资源,构建开放多元的教学资源体系;要立足学生实际,注重遴选典范的现代白话文和古代文言经典作品,以文质兼美为选择标准,体现课程资源在文化传承方面的作用,充分发挥其促进学生发展的价值。

2. 调动多元主体,丰富课程资源类型

语文课程资源既包括纸质资源,也包括数字资源;既包括日常生活资源,也包括地域特色文化资源;既包括语文学习过程中生成的重要问题、学业成果等显性资源,也包括师生在语文学习方面的兴趣、爱好和特长等隐性资源。教师要充分发挥自身优势与潜力,积极利用和开发各类课程资源,不断增强课程资源意识。学校应积极争取社会各方面的支持,拓展资源领域、丰富资源类型;应重视信息化环境下的资源建设,关注语文学习过程中生成性资源的整理和加工,运用课程资源促进学习方式的转变。

3. 建立合作开发机制,实现课程资源的共建和共享

各地区、各学校应增强课程资源共建共享的意识,树立动态发展的资源观念,有计划地建设课程资源开发系统;应重视利用现代信息技术推进资源建设,通过开发阅读资源库、跨媒介阅读平台等数字资源,逐步建立地区、学校之间资源互补、共建与共享的机制;还可创造条件,建立中小学、高等院校和研究机构的资源建设共同体,建设、整理、优化课程资源库,持续更新课程资源,通过资源开发促进教师的专业发展。

4. 充分发挥课程资源的育人功能,优化教与学活动

课程资源的使用要以促进学生核心素养发展为目的,多角度挖掘其育人价

值,与课程内容形成有机联系,促进课程目标全面达成。教师要多角度分析、使用课程资源,善于筛选、组合课程资源,利用课程资源创设学习情境,优化教与学活动,提高教学效益。学校要整合区域和地方特色资源,设计具有学校特色、区域特色的语文实践活动,落实学习任务群的目标要求,增强语文课程内容的丰富性和课程实施的开放性。

《普通高中语文课程标准(2017 年版 2020 年修订)》则是在"实施建议"部分强调了课程资源意识的重要性,简要介绍了语文课程资源的形式,并提出了语文课程资源开发与利用的几条具体路径:

1.为满足普通高中语文课程多样化和选择性的需要,必须增强课程资源意识。语文课程资源形式多种多样,可以是纸质文本,也可以是多媒体资源、网络资源。各地区都蕴藏着自然、社会、人文等方面的语文课程资源,应积极利用和开发。自然风光、文物古迹、革命传统、风俗民情、国内外的重要事件、学生的家庭生活以及日常生活话题等,都可以成为语文课程的资源。

2.课程资源建设和学生的学习活动关联密切,既是师生动态运用资源的过程,也是不断生成资源的过程。应通过学习活动的设计,营造语言文字运用的情境,引导学生结合资源进行自主、合作、探究式学习。语文学习过程中随时生成的各种话题、问题、拓展材料以及学生成果等,也是非常有意义的课程资源。

3.语文教师应充分发挥自身的潜力,参与必修课程和选修课程的建设,积极开发与利用各种课程资源,创造性地开展各类活动,提升自身的教学水平;应引导学生从现实生活中发现问题,提出活动主题,增强在各种场合学语文、用语文的意识,多方面地提高学生的语文素养;应聚焦课程目标,明确问题,整理、优化课程资源库,通过必要的精简、调整、补充,加强语文学习活动中内容和目标的整合,形成与教材相呼应的开放的教学格局,拓展学生的视野,促进学科核心素养的建构和发展。

4.各地区、各学校应增强语文课程资源共建的意识,树立动态的资源观念,有计划地建设课程资源系统,精选教学案例、学习资源,通过点评、归纳与整理,完善资源库的建设;要让教师能够在教学中利用资源,优化教与学活动,推动课程教学的优化实施,促进语文课程教学的均衡发展、协调发展、特色发展;要通过校本教研、区域教研、网络教研等活动,以主题研修、课例研究等方式,引导教师分析问题、搜集材料、积累案例,不断丰富课程资源;要高度重视信息化环境下的资源建设,引导师生运用多种媒介和信息技术手段呈现学习内容,开展教学活动,促进教师自觉开发和利用语文课程资源,并为教学提供全方位的解决方案;可创造条件建立中小学、高校和研究机构联合的学习共同体,形成共建共享的资源建设机制。

5.各地区、各学校的课程资源是有差别的,应认真分析本地和本校的资源特点,充分利用已有的资源,积极开发潜在的资源;应积极创造条件,努力为语文教学配置相应的硬件环境与资源系统;在充分利用已有资源,逐步推动语文课程新资源生成的同时,也应该注意学校之间资源的互补与共享;还应当争取社会各方面的支持,与社区、图书馆、博物馆、文化馆、科技馆、爱国主义教育基地等建立稳定的联系,给学生创设语文实践的环境,开展多种形式的语文学习活动。

综上所述,我们可以获得这些信息:语文教师应树立"用教材教"而不是"教教材"的观念,要积极参与语文课程资源的开发与利用,结合区域教育、学校和学生实际,创造性地使用教材。在坚持正确政治导向的基础上创造性地开展各类教学活动,紧密联系现代教育技术和其他潜在的资源建设者,努力实现课程资源的共建和共享。

二、语文课程资源开发与利用的案例研究
【案例 2-2】

郭初阳《愚公移山》课堂实录(节选)

师:所以我说这是一个人生寓言,我们每个人都可能有过这样的体验。来,前面这位男同学,有没有过这样的体验?

生:(停顿)没有。(众笑)

师:(笑)有时候,放假了有这么多作业,就像一座大山一样,怎么做得完呢?但是在开学前几天疯狂地赶,好不容易第二天上学了,把所有作业都带去了,也稍微有点移山的感觉……那么,这个故事,它这样一种说法,其实和我们传统的精神——儒家的一种非常健朗的、非常积极的精神是一脉相承的。

师:大家再看屏幕。这里选了三句话,我们一起来念一下好吗? 第一句,"知其不可"一二开始。

生:知其不可而为之!

师:第二句,"子曰"——

生:子曰:"三军可夺帅也,匹夫不可夺志也。"

师:一国军队,可以使它丧失主帅;一个男子汉,却不能强迫他放弃主张。最后一句,开始——

生:天行健,君子以自强不息。

师:有个获诺贝尔文学奖的华裔作家,叫高行健,名字就来自这个句子。

"愚公移山"这个故事,经常和另外两个故事一起出现。一个是"夸父逐日",这个我们非常熟悉,夸父在那里追赶太阳,最后道渴而死;还有一个就是"精卫填海",精卫本来的名字叫女娃,炎帝的女儿,后来在游泳的时候被淹死了,魂魄化成一只精卫鸟,经常衔一些微小的土、石、木头,要把大海给填平。

师:这三个故事中,显然有共同的东西,对吗?(话筒往后传)有什么共同点?

生:都经过不懈的努力,完成自己的梦想。

师:请坐。前面最好加一个词语——"试图"——试图完成自己的梦想,对不对?最后能不能完成可能还不知道,而且他们努力的目标好像过于艰巨。

那么,有没有不同的地方?(停顿)愚公移山的故事,和夸父、精卫的故事,至少有三处不同。想一想。(停顿二十秒)我给一点提示好吗?

(屏幕出示:人数、外援、结局)

师:(示意)请你来谈一谈。

生:夸父逐日和精卫填海,都只有一个人。

师:都只有一个人,而愚公移山呢?

生:很多人。

师:到底几个人?

生:四个。

师:四个?愚公以及子孙荷担者三夫,还有一个小孩不要忘记,一共有——

生:五个人。

师:请坐。一家子人。(示意往后)还没完,请你继续就刚才那位同学的话题讲下去。这一家子人真的只有五个人吗?

生:不是。因为后面还说"子子孙孙"无穷无尽。

师:噢,其实有无穷多的人,N个人。好,(话筒)往后。(示意看屏幕)"外援"呢?

生:愚公移山的话,最后是有夸娥氏二子都他们把两座山背走。

师:夸娥氏二子看愚公很辛苦,主动地说,愚公啊,我们来都你搬掉吧,是这样吗?

生:没有,是天帝命令他们去把这两座山搬掉的。

师:(点头)是天帝给派来的。继续讲。

生:夸父和精卫两个都是靠自己的力量,没有其他人来帮忙。

师:非常好,请坐。夸父逐日和精卫填海没有外援,"愚公移山"里面有外援。(示意话筒往后传)区别三,结局呢?

生:愚公移山最后成功了,夸父逐日和精卫填海应该没成功吧。

师:很好,请坐。夸父和精卫,都是失败的故事;而愚公移山,这是一个成功的结局。

案例中,郭初阳老师首先将课文内容与学生生活实际相关联,活跃了课堂气氛,接着讲解了课文《愚公移山》与儒家健朗、积极的传统精神是一脉相承的,并向学生提供了三则材料作为语文课程资源的补充。

第一句"知其不可而为之"出自《论语·宪问》,原文是:"子路宿于石门。晨门曰:'奚自?'子路曰:'自孔氏。'曰:'是知其不可而为之者与?'"这是一句当时普通人对于孔子的评论,其实是做人的大道理:人要有锲而不舍的追求精神,不论结果如何,都应艰苦努力和奋斗。孔子"知其不可而为之",正凸显了他孜孜不倦的执着精神。

第二句"子曰:'三军可夺帅也,匹夫不可夺志也。'"出自《论语·子罕》,意思是"一国军队,可以使它丧失主帅;一个男子汉,却不能强迫他放弃主张"。孔子说这话旨在告诉学生,即使是一个普通人,也是有坚定的志向的,我们应该坚定信念,矢志不渝。

第三句"天行健,君子以自强不息"出自孔子为《周易》写的《象传》,自然的运动刚强劲健,君子处事也应像天一样,自觉地努力向上,励精图治,永不松懈。

语文与文化渊源有着密切联系,两者是相互渗透、相互融合的。郭初阳老师为学生提供的三则材料均体现了中华民族勤劳勇敢、自强不息的民族精神,将文化推送到学生的心灵之中。这一文化渊源流传千百年,引导学生阅读此类传统文化作品,不仅有利于促进学生对愚公精神的理解,更是对于学生的精神成长具有重要作用,同时,使中学古诗文教学脱离狭义的"就诗解诗",上升到文化和人生的高度对文本进行观照。此外,在民族精神的熏陶下,学生能愈加珍视中华民族的文化瑰宝,增强身份认同感,为传承文化经典尽应有责任。

在案例中,郭老师还引入了《精卫填海》和《夸父逐日》,引导学生将这一课程资源与课文文本进行比较。

《愚公移山》一文出自《列子·汤问》。在原始农业耕作中,土地是必备要素,然而,生活在群山环绕地区的初民往往无法享有平原地区中的天然耕地。他们在脑海中勾画着征服大自然的宏愿——将大山铲平,变为耕地。《夸父逐日》和《精卫填海》出自《山海经》。现代科学的研究表明,中国的黄河流域一带在八千年前至五千年前出现了炎热与干旱,夸父逐日和后羿射日一样,都是为了抗旱驱热、赢得生存所进行的艰难而顽强的斗争。"精卫填海"的最初模型,则是原始初民为了让人类生命不再受到海水的威胁而与其进行的英勇斗争。此外,这三则神话故事的结局也绝非偶然、随意的编排,它体现了古代人民对理想生活的寄托和追求,也是对于神话主人公的个人生命价值的肯定。

原始初民的生存环境十分恶劣,但他们征服自然的精神力量是无限的。因此,中国古代神话传说的内蕴是一种最可爱、最淳朴的现实诉求的折射,是中华民族为族群发展和集体利益而奋力拼搏、顽强不屈的斗志,是一种"知其不可为而为之"的勇于挑战自然、顽强生存的精神境界。而当代中学生对于中国古代神话传说往往会产生质疑,认为没有什么价值可言,甚至脱离文本胡乱解读。郭老师将《夸父逐日》与《精卫填海》作为课程资源放置于课堂,有利于学生建立起新旧知识之间的联系,让学生从既有的概念认知进行有效扩展,建构新的认知体系,也有利于引导学生去了解神话这一文化瑰宝,认识到神话是我们先人对于探索大自然的无畏尝试,是对自身精神力量的勇敢追求。只有理解了远古人类所面临的生存危机和他们为生存而进行的斗争,理解了远古神话所包含的生活现实和生活感受,学生们才不会讥笑愚公移山是自不量力的行为,并在讨论与思考中概括主旨、发表观点,从而领会此类作品的思想感情和特色。

而对于三篇文章不同点的比较,则使学生在思考、分析的过程中,与文本进行了一场对话与碰撞,在延展学生思维、调动学生积极性的同时,引导其去挖掘课文中隐含的意义,一步步地深入解读出新的文本内涵。这便使枯燥的课堂成为一个开放多元的趣味课堂,进而不断地丰富和完善学生的认知结构和思维模式。

练 习 题

1.语文教材分析的层次有哪些?

2.语文学情分析可以从哪些方面入手?

3.选择一个语文教学课题,为其撰写教材分析和学情分析。

第三章　语文教学目标设计技能

教学目标指的是教学所要达到的境地或标准,也就是期望学生通过教学活动获得的学习结果。教学目标是教学活动的重要依据,为师生的教与学提供导向。对于语文教学来说,教学目标不是固定不变的,教学目标受语文课程目标、教材特征、学情特征、教学条件的制约,在设计教学目标时,要认真分析以上因素,以便让教学目标合理有效。

第一节　语文课程目标与教学目标概念辨析

课程目标是国家或地方政府按照一定的教育方针,根据学生的身心发展规律,通过完成规定的教育任务和学科内容,使学生达到的培养目标。① 课程目标是高度概括的学习要求和结果,教学目标则是对课程目标各项指标的分解、细化和落实。要掌握语文教学目标设计技能,首先就要理解语文课程目标和语文教学目标这两个概念。

一、语文课程目标

语文课程目标是一个历时性的概念,它会根据不同时期国家发展情况和教育方针进行调整。语文课程标准中对语文课程目标的规定是最权威的表述。因此,学习者需要研读最新版语文课程标准,关注其中的相关内容。教育部颁布的《义务教育语文课程标准(2022 年版)》和《普通高中语文课程标准(2017年版 2020 年修订)》延续了此前版本的素养型目标,但在素养认定和目标规定方面都更新了内容。

《义务教育语文课程标准(2022 年版)》指出:"语文课程围绕核心素养,体

---

① 倪文锦,谢锡金.新编语文课程与教学论[M].上海:华东师范大学出版社,2006:47.

现课程性质,反映课程理念,确立课程目标。"①义务教育阶段的语文核心素养为文化自信、语言运用、思维能力、审美创造。围绕这四种核心素养,《义务教育语文课程标准(2022 年版)》制定了九条语文课程总目标。其中,前三条对应文化自信,第四、五条指向语言运用,第六、七条主要指向思维能力,第八、九条指向审美创造。课程总目标的框架下设置了义务教育阶段的学段要求。学段要求分为四个板块,分别是:识字与写字,阅读与鉴赏,表达与交流,梳理与探究。在分块表述的基础上,最后提出各学段在立德树人、以文化人上的总要求,凸显学段要求的育人功能。

《普通高中语文课程标准(2017 年版 2020 年修订)》对高中语文课程提出如下总体要求:"学生通过阅读与鉴赏、表达与交流、梳理与探究等语文学习活动,在语言建构与运用、思维发展与提升、审美鉴赏与创造、文化传承与理解几个方面都获得进一步的发展;坚定文化自信,自觉弘扬社会主义核心价值观,树立积极向上的人生理想,为全面发展和终身发展奠定基础。"②根据这个要求,围绕语言建构与运用、思维发展与提升、审美鉴赏与创造、文化传承与理解四种学科核心素养,制定了十二条课程总目标,分别是语言积累与建构、语言表达与交流、语言梳理与整合、增强形象思维能力、发展逻辑思维、提升思维品质、增进对祖国语言文字的美感体验、鉴赏文学作品、美的表达与创造、传承中华文化、理解多样文化、关注参与当代文化。每三条目标分别对应一种学科核心素养。

《普通高中语文课程标准(2017 年版 2020 年修订)》以语文学科核心素养为纲,以学生的语文实践为主线,设计"语文学习任务群"。高中语文课程共有 18 个学习任务群,每个学习任务群都规定了学习目标与内容。这里的学习目标与内容仍然是概括性的,但比课程目标要具体得多。例如,整本书阅读任务群的第二条目标与内容:"在指定范围内选择阅读一部长篇小说。通读全书,整体把握其思想内容和艺术特点。从最使自己感动的故事、人物、场景、语言等方面入手,反复阅读品味,深入探究,欣赏语言表达的精彩之处,梳理小说的感人场景乃至整体的艺术架构,理清人物关系,感受、欣赏人物形象,探究人物的精神

---

① 中华人民共和国教育部. 义务教育语文课程标准:2022 年版[M].北京:北京师范大学出版社,2022:4.

② 中华人民共和国教育部. 普通高中语文课程标准:2017 年版 2020 年修订[M].北京:人民教育出版社,2022:5.

世界,体会小说的主旨,研究小说的艺术价值。"①这是对整本书阅读中的"小说"阅读的要求,具体规定了读什么和怎么读。将这些要求与具体的小说文本相结合,能够较为容易地设计出教学目标。

两份课程标准的总目标从宏观上规定了语文学科人才培养规格。总目标从核心素养的四个方面进行描述,目标之间互相关联,互相渗透,语言运用则贯穿始终。相比于总目标,学段要求或学习任务群目标属于中观目标,体现语文学科核心素养的综合性和整合性,是对总目标的具体化。

语文课程目标和学段要求(及学习任务群目标)属于课程的顶层设计,是课程实施的导向,是教学设计、教学实施、教学评价的依据。语文教师在备课时,首先要深入研读这些目标,理解其承载的核心素养培养要求,把握其蕴含的语文课程理念,这样才能科学合理地完成教学任务。

二、语文教学目标

语文教学目标是对预期语文学习结果的描述,可以根据教学任务划分为不同的层次,如学习任务群目标、单元目标、课题目标、活动目标、课时目标。

教学目标具有如下特征:

主体性。教学目标不是凭空产生的,是教师和学生在对话中共同约定的。教师和学生都是教学目标确定过程中的主体。确定教学目标过程,就是教师根据学生的已知、未知确定其应知的过程。在这个过程中,教师要调动自己的专业知识和教学经验分析可能的教学目标,学生或与教师共同商讨并确定教学目标,或虽然不直接出面,却以其年龄、阅历、学习基础、学习习惯等影响教师对教学目标的判断。教师和学生也是教学目标落实过程中的主体。教学目标落实的过程,是师生双方共同努力,互相配合,最终实现教学相长的过程。

整体性。语文课程目标是素养型目标,核心素养是相互关联、融为一体的。因此,语文教学目标具有整体性特征。在设计教学目标的时候,要综合考量语言、文化、思维、审美等方面的要求,推动知识和能力、过程和方法、情感态度和价值观共同发展,彰显语文课程"工具性与人文性的统一"的性质。

生成性。语文教学目标是对教学结果的预设,教学目标接近于实际结果,却不必然是实际结果。事实上,教学过程具有能动性,在教学环境、教师、同伴

---

① 中华人民共和国教育部.普通高中语文课程标准:2017 年版 2020 年修订[M].北京:人民教育出版社,2022:11 - 12.

的交互作用下,教学结果存在多种可能。因此,在教学过程中,作为主体的教师和学生不能固守设定的教学目标,而应根据教学走向适当调整原目标,生成新目标,使之变得更加合理。

教学目标确定以后,需要用恰当的语言对其加以表述。教学目标有特定的表述格式,"一般情况下,一个完整的教学目标由行为主体、行为动词、行为条件以及预期程度这四个方面组成"①。要注意的是,行为主体是学生而不是教师,类似于"让学生理解文中母亲对儿子的爱与关心""培养学生对行书书写的兴趣"等的表述是不正确的,因为这些语句的隐含主语是"教师"。正确的写法是:"学生理解文中母亲对儿子的爱与关心""学生对行书书写产生兴趣"。此外,行为动词要能具体、准确地描述学生的学习结果,如"理解""产生""掌握""识别""判断"等。行为条件是指学生学习行为的依凭,如"借助注释""通过观察插图"等。预期程度是指学习结果的质与量,如"会写'牧'等五个生字""阅读说明文,每分钟读 300 个字左右,并能把握说明对象的特征"。

第二节　确定语文教学目标的途径

教学目标受多种因素制约,要为某个具体的语文教学课题确立目标,需要综合考量课程目标、学段目标、课题特征、学情特征等。大致而言,在为具体课题确立教学目标时,需要认真研读语文课程标准关于此课题的课程目标、学段目标,分析此课题的特征及教学功能,分析学习者的学习基础、学习能力、学习期待、学习困难等,在此基础上得出结论。下面以阅读教学和写作教学为例阐述确立语文教学目标的途径。

一、确定阅读教学目标的途径

阅读指从语言符号中取得意义的一种心理过程。广义上说,读书、阅报、读通知、看图纸,甚至看图像,都是不同形式的阅读活动。狭义上说,阅读专指读书刊报章的文字,在语文教学中,则特指阅读语文教材中的课文和课外读物。语文阅读教学指教师依据语文课程标准和要求引导学生进行阅读活动,学生在

---

① 王从华.语文教学技能综合训练教程[M].杭州:浙江大学出版社,2014:51.

这个过程中获取信息、培养能力、感知文化、熏陶情感。

阅读教学是中小学语文教学的重头戏。根据阅读材料的不同,中小学语文阅读教学分为文学性阅读和非文学性阅读。文学性阅读指小说、诗歌、散文、戏剧等文学性文本阅读,非文学性阅读指一般性议论文、说明文、新闻等文本的阅读。阅读材料的体裁不同,教学目标的主要内容也不同。

(一)确定文学类文本教学目标的途径

文学类文本,也就是文学作品,是以美的形式表现社会、自然、人生、心灵的言语艺术,主要有散文、诗歌、小说、戏剧这几种样式。文学类文本的阅读是一种审美阅读,阅读方式是品味语言,体悟情思,阅读结果是培养文学素养,获得审美愉悦。《义务教育语文课程标准(2022 年版)》为文学性阅读设立了如下总目标:学会运用多种阅读方法,具有独立阅读能力;感受语言文字的美,感悟作品的思想内涵和艺术价值,能结合自己的经验,理解、欣赏和初步评价语言文字作品,丰富自己的情感体验和精神世界。此外,针对不同学段提出了各学段的文学性阅读要求。如第四学段有如下要求:"欣赏文学作品,有自己的情感体验,初步领悟作品的内涵,从中获得对自然、社会、人生的有益启示。能对作品中感人的情境和形象说出自己的体验,品味作品中富于表现力的语言。"①不同体裁的文学作品具有各自独特的文本特征,在解读这些作品时,所依循的路径也各不相同,因此,要根据阅读材料的文体特征有针对性地设计阅读教学目标。

小说是一种着重刻画人物形象、情节性强的文学体裁。小说故事是虚构的,传统小说有人物、情节、环境三要素,现代小说追求形式和写作手法上的新变,有的小说具有散文化或诗化的特征,有的小说大量运用心理分析或意识流等手法。"小说教学要通过一个个例子的剖析,让学生学会怎么进入小说所呈现的世界里面去。"②小说教学的主要目标是理解并赏析其人物形象、情节、环境描写等的特征,探索小说主题,并学会解读小说的方法。

诗歌是用高度凝练的语言抒情言志和表现社会生活、具有一定韵律的文学体裁,古典诗歌对于形式有较为严格的规定,现代诗歌则十分自由。诗歌阅读教学的主要目标是分析诗中的形象、意象、意境,体会其所抒发的情感或所表达

---

① 中华人民共和国教育部.义务教育语文课程标准:2022 年版[M].北京:北京师范大学出版社,2022:14.

② 王荣生.小说教学教什么[M].上海.华东师范大学出版社,2015:91.

的哲理,并学会品味诗歌的方法。

散文是一种题材广泛、结构自由、注重书写真情实感的文学体裁。散文阅读的要领是分享作者在日常生活中感悟到的人生经验,体味精准的语言表达。[①]散文阅读教学的主要目标是品味其个性化的语言,感悟其抒发的感情,并学会散文阅读方法。

文学概念上的戏剧,是指为戏剧表演所创作的脚本。戏剧是一种结构严谨、情节集中、反映矛盾冲突的文学体裁。戏剧教学的主要目标是理解并欣赏其人物形象,分析其矛盾冲突的特征和作用。

为文学类文本设计教学目标,大致要经历以下过程:第一,研读课标,明确课标对文学类文本阅读的总目标和教学建议,结合单元学习要求,确定基本教学目标,如散文阅读教学的基本目标为语言品味、情感体悟,小说阅读教学的基本目标为理清故事情节,把握人物形象的特征,理解小说主题;第二,进行深入的文本分析,把握其文体特征和内容、艺术特征,在此基础上对第一阶段所确定的基本目标进行具体化;第三,进行准确的学情分析,把握学生的学习特征,在此基础上对第二阶段所确定的具体化教学目标进行取舍或增补,舍去学生已经拥有的知识、能力或其他语文素养目标,舍去学生因学力、时间或其他原因而无法实现的目标,留下学生需要的、经过学习能够达到的目标,补充具有地方特色或适合特定教学对象的目标,最终完成对具体课题教学目标的设计。

(二)确定实用性文本阅读教学目标的途径

实用性文本指的是文学作品之外的文本,主要有议论文、说明文、新闻、学术论文、演讲稿、书信,以及非连续性文本等。实用性文本阅读"着眼于获取文章的信息,阅读方式是理解型"[②]。《义务教育语文课程标准(2022 年版)》对实用性文本阅读教学目标做了如下描述:"阅读简单的议论文,能区分观点与材料(道理、事实、数据、图表等),发现观点与材料之间的联系,并通过自己的思考,作出判断。阅读新闻和说明性文章,能把握文章的基本观点,获取主要信息。"[③]此外,对于科技作品、非连续性文本的阅读也做了规定。《义务教育语文

---

① 王荣生. 散文教学教什么[M]. 上海. 华东师范大学出版社,2014:30－31.

② 王荣生. 实用文教学教什么[M]. 上海:华东师范大学出版社,2014:50.

③ 中华人民共和国教育部. 义务教育语文课程标准:2022 年版[M]. 北京:北京师范大学出版社,2022:14.

课程标准(2022 年版)》分别规定了议论文、新闻、说明文等文体的总目标,为教学目标设计提供了依据。

议论文是一种剖析事理、发表意见的文体。作者通过摆事实、讲道理等方法证明自己观点的正确,或证明他人观点的错误。议论文是中学语文阅读教学中的重要文类。议论文一般分立论文、驳论文两种。立论文通过摆事实,讲道理,直接表达自己的观点和主张。驳论文针对他人的观点加以批驳,在批驳的同时也往往会表达自己的观点。论点、论据、论证是议论文三要素。议论文教学目标设计的要点就是这三要素。

新闻包括新闻报道或评论的各种类别与样式,常见的有消息、通讯、特写、时评等。中学语文教材中新闻较少,但有着较为重要的地位。一方面是因为新闻的学习能够帮助学生与现实生活建立密切的联系;另一方面,随着电子资讯的发达,新闻已成为学生日常接触最多的文体之一,通过新闻阅读教学,学生能够更高效地进行课外新闻阅读,提高自身综合素养。说明文是以说明为主要表达方式的文章体裁。说明文目的在于给人以知识,其内容主要有两种,一是对客观事物做出说明,二是对抽象事理进行阐释。中小学语文课文中选了不少说明文。知识性、科学性、实用性是说明文的特征,说明对象、说明顺序、说明方法是说明文的三要素。新闻和说明文的教学目标设计要点都是能把握文章的基本观点,获取主要信息。新闻教学目标一般与新闻的主要内容、结构等有关,说明文的教学目标一般与说明对象的特征、说明顺序及文章机构、说明方法及其作用有关。

为实用性文本设计教学目标,大致要经历以下过程:第一,研读课标,明确课标对实用性文本阅读的总目标和教学建议,结合单元学习要求,确定基本教学目标。例如:议论文阅读教学的基本目标为寻找论点,理清论据,把握论证的方法和效果;说明文阅读教学的基本目标是理解说明对象的特征,掌握文章所使用的说明方法及其作用,理清文章的说明顺序;新闻阅读教学的基本目标是把握文章所报道的事实和所表达的立场,了解具体新闻体裁的特点。第二,进行深入的文本分析,把握文章内容和文体特征,在此基础上对第一阶段所确定的基本目标进行具体化。例如《喜看稻菽千重浪——记首届国家最高科技奖获得者袁隆平》一文:理解袁隆平培育水稻良种的过程,以及在这个过程中所体现的吃苦耐劳、锐意创新、实事求是、无私奉献的精神品质;把握本篇通讯报道的角度和组织内容的技巧。第三,进行准确的学情分析,把握学生的学习特征,在此基础上对第二阶段所确定的具体化教学目标进行取舍或增删,最终完成对具体课题教学目标的设计。

二、确定写作教学目标的途径

写作是运用书面语言表现事物、表达情思、传递信息、进行交流活动。写作教学就是教师引导学生运用语言文字进行表达和交流、培养写作能力的过程。写作能力主要包括审题立意、选材剪裁、谋篇布局、遣词造句、推敲修改的能力。真正体现在具体某次写作中,这些能力是共同起作用的。由此可知,写作能力是综合性的语文素养,需要在长期的写作教学中加以培养。写作教学是中小学语文教学的难点,如何为每一次写作教学确立目标,则是写作教学的难点。为了培养确立写作教学目标的技能,语文教师应研读语文课程标准中关于写作的目标要求,认真分析教材中写作课题的具体要求,细致分析学生已有的写作能力及完成本次写作任务的困难,在此基础上确定教学目标。

《义务教育语文课程标准(2022年版)》提出了写作总目标:"能根据需要,用书面语言具体明确、文从字顺地表达自己的见闻、体验和想法。"①在"表达与交流"领域及几个学习任务群中,课程标准从写作态度、表达方式、文体要求、写作过程等方面规定了各学段的写作目标。其中,第一学段的目标较为简单,主要有:学生对写话有兴趣,同时要有意识地观察周围事物,写真情实感,写想象中的事物。此外,在语言运用方面,要乐于运用在语文活动中和生活中学到的词语。第二、三、四学段目标更多,要求更高。义务教育阶段的写作延续了以往的思路和做法,以记叙文、说明文、议论文、应用文这几种文体的学习和训练为中心。不过,《义务教育语文课程标准(2022年版)》对第四学段提出了尝试进行文学创作的要求,特别指明了要尝试进行诗歌和小小说创作。诗歌、小小说写作属于文学创作。文学创作能力属于高阶写作能力,要求学生能够激发灵感,创新立意;能够发挥联想和想象,塑造出独特的艺术形象;能够锤炼语言,在表达上显现出一定的个性和艺术性。"尝试"这个词表明其对文学创作不进行硬性规定,要求学生尝试进行诗歌、小小说的创作,也是希望学生能够从较有趣味的文学样式开始文学创作。教师在重点进行记叙文等教学的同时,要对学生

---

① 中华人民共和国教育部.义务教育语文课程标准:2022年版[M].北京:北京师范大学出版社,2022:6.

的诗歌和小小说创作设置较低的标准,有意识地帮助学生克服对文学写作的畏难心理,激发学生对文学写作的兴趣,为学生将来在高中阶段练习文学写作做好心理上和技术上的准备。

《普通高中语文课程标准(2017 年版 2020 年修订)》总目标第 2 条"语言表达与交流"中提出,"能凭借语感和对语言运用规律的把握,根据具体的语言情境和不同的对象,运用口头和书面语言文明得体地进行表达与交流",第 9 条"美的表达与创造"提出,"能运用祖国语言文字表达自己的审美体验,表达自己的情感、态度和观念,表现和创造自己心中的美好形象;讲究语言文字表达的效果及美感,具有创新意识"①。在"文学阅读与写作""思辨性阅读与表达""实用性阅读与交流"等学习任务群中,分别规定了文学性写作、思辨性写作、实用文写作目标。文学性写作目标为:结合所阅读的作品,了解诗歌、散文、小说、剧本写作的一般规律;捕捉创作灵感,用自己喜欢的文体样式和表达方式写作,与同学交流写作体会;尝试续写或改写文学作品。思辨性写作的目标为:学习表达和阐发自己的观点,力求立论正确,语言准确,论据恰当,讲究逻辑;学习多角度思考问题;学习反驳,能够做到有理有据,以理服人。实用性写作的目标为:学习运用简明生动的语言,介绍比较复杂的事物,说明比较复杂的事理。

《普通高中语文课程标准(2017 年版 2020 年修订)》对文学写作有一些要求。一是读写结合,以读促写。通过阅读诗歌、散文、小说、剧本等文学作品,了解各种文学性文体的一般写作规律。这是要求学生通过阅读,对不同文学样式的体裁特征产生清晰的认知,如诗歌需要分行,需要借助意象来表情达意,小说需要虚构故事情节、塑造人物形象、进行环境描写等。二是捕捉文学创作灵感。这是要求学生善于感受自我和周围的世界,并运用形象思维将这些感受化为艺术性的表达。三是与学习伙伴交流写作体会。这是要求学生和同学分享自己创作的文学作品,在这个过程中营造浓厚的文学写作与鉴赏氛围,借鉴他人的写作经验,做到共同进步。

教育部 2003 年颁布的《普通高中语文课程标准(实验)》在写作目标设置上较为简单,既没有区分三类写作,也没有提出分类写作目标,只是比较笼统地提出进一步提高义务教育阶段已经学习和训练的几种基本表达能力——记叙、说

---

① 中华人民共和国教育部.普通高中语文课程标准:2017 年版 2020 年修订[M].北京:人民教育出版社,2022:6 – 7.

明、描写、议论、抒情,并努力学习综合运用多种表达方式,同时,要求学生能调动语言积累,使自己的表达做到准确、鲜明、生动。这份课程标准没有明确提出文学写作要求,只是提出要尝试进行诗歌、散文、小说、剧本创作。与实验稿相比,《普通高中语文课程标准(2017 年版 2020 年修订)》对写作的要求更加具体明确,要求也更高。它从文体方面对写作提出要求,不但有助于学生树立文体意识,提高写作水平,也方便教师进行写作教学目标的设计。

为写作设计教学目标,大致要经历以下过程:第一,研读课标,明确课程中对写作教学的总体目标和建议,以及对各学段各文体写作的要求。第二,阅读写作课题中的相关材料,根据写作任务明确写作教学的基本要求。例如,写一篇 500 字以上的记事类记叙文,做到条理清晰,语言连贯。第三,进行准确的学情分析,把握学生的学习特征,在此基础上使第二阶段所确定的基本要求变得具体明确。例如:运用中心句组织自然段;在重要自然段内运用 3 个关联词,使段意前后连贯;运用 2 个过渡句,使各自然段过渡自然。由此完成教学目标的设计。

第三节　语文教学目标设计方法的案例式分析

【案例 3－1】

赏景　悟情　辨意——《与朱元思书》教学点的确立①

《与朱元思书》是统编本人教版语文八年级上册第三单元的一篇课文。此文篇幅短小,不用典故,但教师在教学时常常感到困难,原因有二:一是文体归属复杂,二是文章内涵复杂。笔者查阅多篇教案后发现,不少教师的教学设计存在问题,尤其是教学目标方面,或面面俱到而重点不彰,或浮于表面而难以深入,或与本单元其他课文目标雷同。教学目标对课堂教学起着导向作用,为了纠正《与朱元思书》教学目标设计中的偏颇,提高教学效率,有必要引入"教学点"这一概念。

所谓教学点,是"教师根据自己对文本的理解预设的教学内容与教学方式

① 本文发表于《江西教育》2019 年第 10 期,作者为俞王毛、柯梦春,选入本书时有删节。本文所说教学点,即具体化的教学目标。

的聚合物","是教学目标的具体呈现"①。"教学点"强调文本研读和学情研究等过程性工作,比一般意义上的"教学目标"更具针对性和可操作性。文体、文章内容和学情是确立教学点的主要依据,在设计《与朱元思书》的教学点时,需要深入分析课文本身的特点、教材选文的关键点和学生学习的疑难处。

一、《与朱元思书》的文体属性辨析

文体即文章的体裁,是文章形式方面的内容。王荣生认为,文体可以定义为"表达方式"或"对不同表达方式的选择","广义的文体指一种语言中各种语言变体,狭义的文体指文学文体,就是指文学作品表达方式的基本特点和语言风格"②,每一种文体都有着区别于其他文体的特质,"不同的文体有不同的读法,不同的读法又决定不同的教学内容"③。只有强化文体意识,才有可能寻找到与某种文体相匹配的解读方式和教学方式,顺利开展阅读教学。

《与朱元思书》的文体归类较为复杂,同时具有书信、骈文、山水小品这三种文体属性,不同的文体属性对于课文解读具有不同的价值和地位,我们可以根据课文最突出的表达方式和教材编排意图确定其主要文体属性。

从标题和现实功用上看,《与朱元思书》属于书信,但文章并没有体现书信格式,也没有交流感受或商量劝说的意味(或谓最初选录此文的《艺文类聚》常对选文进行删节,此文只是书信中的片段,此说当可信)。也就是说,书信属性并不影响读者对文章的理解,不宜作为文本解读的依据。

从语言形式上看,《与朱元思书》属于骈文。此文以四字句为主,间有六字句、五字句,句式整齐且多用对仗,这是典型的骈文笔法。骈文笔法有助于模形写态,在感情表达和行文风格上与其他文体有着较大区别。不过,此文骈散相间,不用典故,在对仗上也不刻意求工,与当时流行的辞藻华丽、对仗精工的骈文不同。因此,在教学此文时,既不能忽略其骈文属性,又不宜过于强调骈文属性,可以适当介绍一点骈文知识,重点则是引导学生诵读,使其深入体会此文的音韵之美和意蕴之美。

从表达方式上看,《与朱元思书》属于山水小品。当然,称其为小品,这是一种"追认"。小品这一概念到明中晚期才成为某种文类的指称。小品文,尤其是

① 魏本亚.语文教学点:课堂教学的基础[J].语文建设,2016(13):22-24.
② 王荣生.散文教学教什么[M].上海:华东师范大学出版社,2014:19.
③ 王荣生.散文教学教什么[M].上海:华东师范大学出版社,2014:17.

古代小品文,并没有一个明确的定义,学界对其文体特征的理解也不一致,但大致认同以下界定:篇幅短小,行文自由,旨在抒情言志,富有个性化色彩。《与朱元思书》通过模山范水抒发个人情怀,表达个人志趣,句式参差变化,结构开阖自由,正是晚明诸子所推崇的"独抒性灵,不拘格套"的小品文。除了《与朱元思书》,本单元还安排了《三峡》等三篇山水小品和《野望》等五首山水诗,单元导语中有"山川之美,古来共谈","古代诗文中有很多歌咏山水的优美篇章,阅读这类作品,可以获得美的享受,净化心灵,陶冶情操"等提示。可见单元教学目的是阅读和鉴赏古代山水文学,本文入选的原因就在于"山水小品"这一文体属性。

由以上分析可知,《与朱元思书》的主要文体属性是山水小品,在教学中应主要据此初步设定解读方向和教学内容,那就是:体味精美的言语表达,分享作者所发现的景致,感悟景物描写中寄托的思想感情。

二、《与朱元思书》的内容和艺术特征分析

"学生今天所面对的学习对象,是'这一篇'独特的文本,学生今天所面临的学习任务,是理解、感受'这一篇'所传递的作者的认知情感,是理解、感受'这一篇'中与作者的独特认知情感融为一体的语句章法、语文知识。"①在根据文体特征确定解读方向之后,还应根据独属于《与朱元思书》的内容和艺术特征寻求相应的解读方法。

吴均传世山水小品是所谓"三书",除《与朱元思书》外,另有《与施从事书》《与顾章书》。郑振铎称此三书"皆为绝妙好辞,能以倩巧之语,状清隽之景"。三篇文章都擅长描摹风景,传神写意,其中最出色的当属《与朱元思书》。解读此文时,需要通过品味其"倩巧之语",深入领会其"清隽之景",以及融于山水风景中的情感与意蕴。

景,是《与朱元思书》的主体内容。此文写景极有特色。开头四句,远观近察,"风烟俱净,天山共色",状写风景之纯净,天地之阔朗,"从流飘荡,任意东西",状写江流之宛转,心态之闲适,由此生发出高远澄澈之意境;接着笔锋一转,点明游赏之地,概写山水特征,而后细细描摹水之异,山之奇,使山水之面貌精神尽现笔端。

情,是文中山水的灵魂。六朝山水文学,要紧处全在一个"情"字,如宗白华

---

① 王荣生.散文教学教什么[M].上海:华东师范大学出版社,2014:7.

所说,"晋人向外发现了自然,向内发现了自己的深情"①,六朝文人将情感投注于山水,其笔下的风景变得"情致化"。《与朱元思书》亦是深情之作,发现美丽风景的愉悦弥漫于字里行间。文章起首四句劈空而来,写出了不经意间心与景遇的惊喜。"天下独绝"一句写出对景物的感受,夸张的语气中饱含赞叹。自"水皆缥碧"起,是对水之清静深急、山之高峻奇秀的细致描写,从中不难感受作者的欣喜和流连之情。

意,是作者静观万物中获得的生命感悟。在作者笔下,水是灵动活泼的,山是争高竞上的,天地间的一切元气淋漓又和谐自然。这样的写法传达出作者心与物游时所感受到的生命充盈的诗意。"鸢飞戾天者,望峰息心;经纶世务者,窥谷忘反"几句,赞美了自然的净化力量,也隐含着对人生的哲学思考:世俗的功名利禄会遮蔽生命的本真,在美好自由的自然中,个体生命的意义才能得到实现。

从南朝宋开始,"庄老告退,而山水方滋",从此山水文学不断发展,至齐梁时蔚为大观。在众多山水诗文中,吴均的作品独树一帜,"文体清拔有古气"②。《与朱元思书》文笔清隽,格调雅洁,文气贯通,舒卷自如,有六朝山水文清丽秀逸的共性,而无"体踶束而气不昌"的"齐梁之病"③。至于其写景之生动传神,记游之取舍有度,又为后世游记文学开了无数法门。刘师培将此文与《登大雷岸与妹书》等六朝山水文评为"游记之正宗",就是从这一方面立论的。

掌握了《与朱元思书》的内容和艺术特征,在阅读教学中就能在"山水小品"这一类文体的框架下,真正围绕"这一篇"展开,使课文的教学落到实处。

三、《与朱元思书》教学点的确立

根据《与朱元思书》的文体特征和内容特征,可知这篇课文的关键点是文章所写之景及发现如此风景的心境,将课文的关键点与学生学习的疑难处综合起来考虑,就能够确定本课的教学点。

《与朱元思书》是八年级上册第三单元的第四篇课文,该单元前三篇分别是《三峡》《答谢中书书》《记承天寺夜游》,这几篇都是著名的山水小品,写景如画、情景交融是它们的共同特征。也就是说,在接触《与朱元思书》之前,学生已经初步掌握了山水小品的文体知识和学习方法,只要引导得法,学生就能将相

---

① 宗白华.中国文化的美丽精神[M].武汉:长江文艺出版社,2015:266.
② 姚思廉.梁书:全三册[M].北京:中华书局,1974:698.
③ 王夫之.古诗评选[M].长沙:岳麓书社,1996:762.

关经验迁移到新课文的学习中来。对于学生来说,学习《与朱元思书》的困难在于:领会"这一篇"中景物特有的美,体悟"这一个"作者的感情,辨明字里行间所表达的生命思考。由此确定本文的教学点如下:(一)抓住关键词句,理解作者眼中的山水特有的风味;(二)披文入情,感悟作者对自然山水的喜爱与亲近,感受古人寄情山水的生活方式;(三)品读相关语句,结合作者的生平经历,体会作者对自由无羁的生存方式的向往。

概而言之,这三个教学点就是"赏景""悟情""辨意"。教学点(一)指向课文个人化的言说对象。感受写景之美妙,要诀在"赏"。教学中可以引导学生抓住"奇""异"二字,从整体上领略文中山水独特的韵味,根据"箭""奔"等字,想象水流的迅疾,根据"竞上""轩邈"等词,想象山峰的险峻,根据"泠泠""嘤嘤""千转""百叫"等词,体会大自然音韵的和谐,由此感受山水的风姿与趣味,获得审美愉悦。教学点(二)指向课文所蕴含的独特情感。体验作者的情感,要诀在"悟"。要让学生明白,课文描写的风景之所以显得和谐优美、生机勃勃,是因为这些风景是经由吴均的眼睛摄取、吴均的心胸再造、吴均的文笔呈现的。由此引导学生品味课文景物描写的特别之处,体悟作者融入景物的情感。文章表达的感情十分细腻,要引导学生下一番涵泳功夫,用心品悟其微妙之处。教学点(三)指向作者的生命感悟。六朝文人讲究境与神会,他们欣赏山水时,常常由山水而进入生命的玄思之中。这种玄思曲折幽微,恰如陶渊明所言:"此中有真意,欲辨已忘言。"但是,读者在欣赏山水诗文时,为了实现与作者的对话,必须深入辨析其中真意。教学时要引导学生从语言着手,由言及意,理解课文的内涵。例如,辨析文中山、水、鱼、鸟等意象,明确其中寄寓的对自由活泼的生命力的赞叹之情;将"鸢飞戾天者"等句与《与施从事书》中的"信足荡累颐物,悟衷散赏"进行对比分析,体会文章所表达的归依自然的意愿。此外,还可以指导学生结合吴均的身世经历和课文的写作背景,深入分析作者的写作心态,领会文章的旨趣。

"赏景""悟情""辨意"指示了课文的教学内容和教学方式,互相关联,逐层深入,这样的教学点,既符合课文的内在逻辑,也符合学生的认知规律,是合理且可行的。当然,针对《与朱元思书》文言文语体特征,还可以相机设计与文言文理解与欣赏相关的教学点,此处不赘。

【案例 3 - 2】

《呼风唤雨的世纪》教学目标的确定①

《呼风唤雨的世纪》是科普文章,诚如王荣生所说,"科普文章以理解为目的,其基本的阅读姿态是解读型的","在教学中要把'课文内容'和'作者的表达'结合起来,让学生完整而恰当地理解文章所表达的观点",从文字中获取主要信息,理解课文所表达的观点,掌握科学小品的阅读方法,就是这篇课文的主要教学目标。

《呼风唤雨的世纪》的主要内容是介绍科学知识。课文说明了 20 世纪科学技术给人类生活带来的巨大变化。第 1 自然段断定 20 世纪是一个呼风唤雨的世纪;第 2 自然段指出,人类利用现代科学技术不断地"发现"和"发明",科技上的成就使人类生活大大改观;第 3、4 自然段揭示了科学技术对人类生活的意义:农耕社会科学技术不发达,人们只能在神话中寄托自己的美好愿望,现代社会科学技术飞速发展,人类的精神文化生活和物质生活也因此与过去大为不同;第 5 自然段指出,在 20 世纪百年间科学极大地改善了人类的生活,在新的世纪里,科学会使人类的生活更加美好。从以上分析可以看出,课文以介绍知识为主,因此,学习这篇文章,一个重要任务就是掌握相关知识。

科普小品语言准确而生动,这篇课文也不例外。课文仅用几百字就清楚地介绍了 20 世纪科学技术发展历程,展示了科学技术给人类生活带来的巨大变化,在言语表达方面有不少可圈可点的地方,例如以"发明"和"发现"来指代不同的科学成就,以"呼风唤雨"来比喻科技的神奇力量,以设问句来唤起读者的注意和思考,等等。不过,科普小品类文章写作目的比较单纯,极少"言外之意,味外之旨",阅读时应遵循"解读"取向。在涉及文章的表达技巧时,教学重点不是品味言语的生动性,而是理解言语的准确性,使学生明白课文是运用哪些手段将对象的特点阐释清楚的。为此,有两个问题需要引导学生细心领会:一是作者如何运用作比较、举例子、引用等方法说明事物,使用这样的方法是为了说明什么问题,取得了怎样的表达效果;二是作者如何用准确的语言说明事物,这样的表达有什么好处。

四年级学生对科学小品并不陌生,他们在三年级下学期已经学习过一组科

---

① 本文节选自《实用文阅读教学:教什么和怎么教——以〈呼风唤雨的世纪〉为例》,《江西教育》2018 年第 10 期,作者为俞王毛、柯梦春。题目为编者所加。

学小品,对作比较、举例子等说明方法有了初步的了解。这篇课文的内容与学生的生活经验有着较大的关联,不少人对其中所列举的科技成就如电视、电话、飞机、火车等比较熟悉,基本上能够读懂课文内容。不过,学生不一定能够将"科技成就"和"人类社会的变化"联系起来,他们对现代科技取得的成就普遍感兴趣,对科学技术给人类生活带来的变化则关注不够。其实,后者才是课文核心内容,也是学生应该重点研读的对象。课文使用的几种说明方法中,学生能够自主辨认的是举例子和作比较,引用法对于学生来说有一定难度。引用法在课文中出现了两次,一次是引用唐诗,另一次是引用罗素的论述。"忽如一夜春风来"两句,学生可能关注其文学性,而忽略其所起的说明作用,对于罗素的话在增强说明力度方面的作用,学生也可能存在理解困难。此外,一些专业术语如光年、原子核,学生可能觉得抽象难懂。

根据以上分析,课文的教学目标可以设置为:

一、了解 20 世纪所取得的科技成就,以及这些成就给人类生活带来的变化。

二、识别本文的主要说明方法,理解其表达效果。

三、培养学科学、用科学的兴趣和习惯。

【案例 3 – 3】

诗歌写作教学目标的设计

统编本九年级上册第一单元是诗歌学习单元,其"任务三"是要求学生尝试创作诗歌。下面从教材、学情、课标三个方面进行分析,在此基础上进行教学目标设计。

一、教材分析。此单元共三个任务,分别是诗歌鉴赏、诗歌朗诵、尝试创作。这三个任务紧密关联,从阅读到朗诵再到写作,环环相扣,有序推进。在诗歌鉴赏部分,安排了《沁园春·雪》《我爱这土地》《乡愁》《你是人间四月天》《我看》五首诗。这五首诗中,第一首是古体词,其他四首都是现代白话诗。这些诗意蕴丰富,情感深挚,技巧圆熟,文质兼美,能够给学生带来审美愉悦,也能使学生进一步领会诗歌的写作技巧。在诗歌朗诵部分,学生要完成诗歌搜集、朗诵、评价、交流等任务,在这个过程中,能够感受浓郁的诗意,并且能够激发自己的灵感和创作热情。在尝试创作部分,设置了备选题目,其话题与学生生活密切相关;进行了技巧点拨,从诗情触发、抒情技巧、语言特征等方面做了写作提示。这样的教材内容创设了适宜的诗歌写作情境,为学生写作实践做好了准备。

二、学情分析。少年情怀总是诗。九年级少男少女目光明亮,青春飞扬,腹中有诗书,心中有梦想。只要引导得法,他们一定能够创作出美丽的诗篇。

三、课标分析。《义务教育语文课程标准(2022 年版)》在第四学段提出了"尝试诗歌、小小说的写作"的要求,提倡有创意的表达。此版课程标准对于诗歌写作没有提出具体的要求,为教学留下了自由的空间。教师可以根据诗歌的文本体式和写作技巧,指导学生自由地、创造性地进行诗歌写作。

根据此写作课题的特征、学情、课标要求,确定本课题写作教学目标为:

1. 激发并抓住诗歌创作灵感,通过联想和想象,完成诗歌构思。

2. 学会以意象表达感情的方法,选择合适的意象,巧妙地组织语言,写成一首四行以上的诗。

3. 发现生活的诗情,体会诗歌的魅力。

【案例 3 - 4:记叙文写作教学目标设计技能】
"写人要抓住特点"教学目标的设计

统编本七年级上册第三单元的写作教学课题为"写人要抓住特点"。下面从教材、学情、课标三个方面进行分析,在此基础上进行教学目标设计。

一、教材分析。教材对此课题相关写作知识做了介绍,主要有:要写好一个人物,首先要学会细心观察,抓住人物的特点;可以通过外貌描写来写出人物的特点;可以把人物放到事件中写,这样可以写出人物的特点。教材还布置了写作任务:写一篇 500 字左右的写人记叙文。教材中所介绍的知识是写人的基本知识,对于七年级的学生来说,是非常实用的写作技巧。此单元的课文《再塑生命的人》是写人的散文,此单元的《从百草园到三味书屋》和第二单元的《秋天的怀念》《散步》中也有不少写人的句段,在此前的阅读教学中,学生已经感知到抓住特点写人的技巧。这样的安排体现了以读促写的意图。七年级上册第一单元的写作课题是"热爱生活,热爱写作",第二单元的课题是"学会记事",第一单元的写作训练安排了景物描写训练和记事类记叙文写作训练,第二单元安排了记事类记叙文写作训练。前期的写作教学已经激发了学生对写作的热爱之情,本单元由写景、记事转到写人,符合学生的心理期待,能够激发学生的写作兴趣。

二、学情分析。七年级学生在观察人物方面已经有了一定经验,也积累了较多的人物印象,如家人、同学、老师等。他们在小学阶段阅读过不少写人的文章,也写过记人、记事类的记叙文,了解一般记叙文的结构特征,基本掌握记叙文的结构方法。对于"写自己熟悉的人"这种写作任务比较感兴趣,但没有系统训练过如何表现出人物的特征,所写的人物往往面目模糊,缺乏特色。

三、课标分析。《义务教育语文课程标准(2022年版)》写作总目标为:"能根据需要,用书面语言具体明确、文从字顺地表达自己的见闻、体验和想法。"第四学段记叙文写作目标为:"写记叙性文章,表达意图明确,内容具体充实。"此外,针对写作,课标中还有"能抓住事物的特征""写作要有真情实感""力求有创意""写作时考虑不同的目的和对象"等目标。

根据写作课题的特征、学情、课标要求,确定本课题写作教学目标为:

1.通过细致观察,掌握人物的外貌、语言、行为、性格特点。

2.明确写作的目的,设想读者身份。根据写作目的和读者进行构思。扣住人物的一两个特点,通过外貌描写和事件描写,使人物形象鲜明生动。

3.通过修改和交流,使作文结构合理,文从字顺。

4.培养对于写作的兴趣和信心,享受写作的乐趣。

练 习 题

1.语文教学目标的内涵是什么?

2.确定语文教学目标的依据有哪些?

3.选择一个语文教学课题,为其设计教学目标,并写出设计依据。

第四章　语文教学过程设计技能

　　教学过程,又称为教学流程或教学程序。"教学过程是教师与学生以课堂为主渠道的交往过程,是教学认识过程与人类一般认识过程的统一,是教养和教育的统一。"①语文教学过程,就是促进语文学习发生的过程,不是单纯的知识传递的过程,而是语文核心素养的形成过程,是文化自信、语言运用、思维能力和审美创造等能力的一个集中体现。语文教学过程设计就是依据一定的规律、原理对促进学习的资源和程序进行创造性安排。

第一节　语文教学过程的设计原理

一、语文教学过程设计的基本原理

(一)认知心理学理论

　　认知心理学为语文教学过程设计提供了心理学基础。认知心理学的核心是输入和输出之间发生的内部心理过程,如记忆的加工、存储、提取等过程。以信息加工观点研究认知过程是现代认知心理学的主流。加涅认为学习的过程就是学生对信息进行内部加工的过程,教学过程的设计要以这种内部加工为依据,是外部事件使用激化、维持、促进或者增强学习的内在过程的种种方式加以计划或执行的过程。与学生的学习阶段相对应,加涅将教学过程划分成了 9 个阶段:1.引起注意;2.告知目标;3.提示先知;4.呈现新知;5.编码指导;6.引导反应;7.提供反馈;8.评估;9.迁移。② 认知心理学强调对过程的研究,语文教学过程设计也应注重学生学习过程中的关键事件,教师要对学习过程中关键事件加以指导,促进语文的教和学。

---

　　① 张华.课程与教学论[M].上海:上海教育出版社,2000:358.
　　② 加涅,韦杰,戈勒斯,等.教学设计原理:第五版修订本[M].王小明,庞维国,陈保华,等译.上海:华东师范大学出版社,2018:132.

（二）建构主义教学理论

建构主义教学理论为语文教学过程设计提供了教学法的支撑。建构主义理论认为知识是主体建构活动的结果,强调在学习者原有的基础上主动建构,也可以通过学习者与他人的交往、互动而进行合作性建构。支架式教学、抛锚式教学和随机进入教学是主要的三种教学方式。这三种教学方法都强调情境、自主学习和协作学习。语文教学过程设计要注重创设与学习者的实际生活相联系的真实的学习情境,让学习者利用学习情境进行自主学习和团队协作,充分发挥学习者主体的学习积极性和主动性。教师则进行适当的引导与指导,鼓励学生进行问题的研讨和解决,帮助学生实现对知识的理解与运用。

（三）参与式学习理论

参与式学习理论为语文教学过程设计提供了新视角。参与式学习活动的基本理念是:"学习者以发展为中心,在自然轻松的学习氛围中,以分组活动的学习方式,通过自由的学习行为、自主的探究精神、合作的学习态度,体验参与学习过程的乐趣,发现成功的途径与自我价值。"[①]其主张学生是教学活动的中心和主体,教师应根据课程教学目标和要求,设计合理的教学情境,鼓励学生积极参与教学过程,通过合作互动、交流分享,使学生能够深刻地体验、领悟和理解所学知识和技能,并能将这些知识和技能合理地应用到未来的实践中去。在参与式学习理论视域下,语文教学过程设计要注重学生的主体性、教学活动的情境性、多元主体的合作性和鼓励多元性思维发展。

二、阅读教学过程设计的原理

阅读教学是学生、教师、教科书编者、文本之间的对话过程。中小学的阅读教学一般是在教师的引导和帮助下,学生与教科书编者所选录的"文本"直接对话的过程。"文本"即我们常说的"课文"。语文学科中的阅读教学所说的"课文",与其他科目中所说的"课文"有一个本质的区别:不仅是学习材料,而且是学习对象。学生面对的学习对象是"这一篇"特定的课文,阅读学习的任务是理解、感受这一特定课文所传递的作者的认知情感,是理解、感受这一特定课文中与独特认知情感融会一体的语句章法、语文知识。

（一）阅读取向与阅读方法

中小学阅读教学,就是建立学生与"这一篇"课文的连接。其中首先就涉及

---

① 彭海蕾,宋生涛.参与式学习活动研究[J].兰州学刊,2004(1):203-204.

阅读取向的问题。阅读是阅读主体与阅读对象对话的过程,具有特定的目的。阅读取向是阅读目的、任务的转换,但与目的、任务并不等同,它可以成为一种阅读态度、阅读习惯而相对独立,甚至成为一种阅读的观念。不同的阅读取向会采取相应的阅读方式、阅读姿态,进而运用与其相匹配的阅读方法。

　　阅读取向有常态、异态和变态之分。常态的阅读取向指通常的阅读取向,或具有较高阅读能力的读者们一致采取的取向,比如把小说当小说读,把诗歌当诗歌读,把散文当散文读;异态的阅读取向则指基于合理的目的、任务,采取与通常不一致的阅读取向;变态的阅读取向指基于某种错误的观念(如为做考试中的阅读理解题而学习阅读),有意或习惯性地曲解文本。①

　　常态的阅读取向是一种需要学习才能获得的能力。中小学阅读教学过程设计的目的应是教学生如何运用常态的阅读取向来学会阅读,在实践中落在阅读方法上,具体来说,就是采取读小说的姿态和方法来学习阅读小说,用读散文的姿态和方法来学习阅读散文,用读诗歌的姿态和方法来学习阅读诗歌等。

(二)阅读教学任务与阅读教学路径

　　明确了中小学阅读教学取向,语文教师的教学任务就是引导和帮助学生运用常态的阅读取向来学习阅读,建立与"这一篇"课文的连接。其中主要聚焦于两个方面:第一,使学生获得与课文相符合的理解和感受;第二,使学生学会与课文理解、感受相呼应的阅读方法。学生因人生经验和语文经验有限可能不足以理解、感受、欣赏"这一篇"特定的课文,那阅读教学就应该着力于学生理解不了、感受不到、欣赏不着的地方。这些地方往往是"这一篇"课文的特质所在,也是需要学生理解和感受的关键点。教师通过恰当的阅读教学路径引导和帮助学生理解和感受"这一篇"课文的关键点,合理地建立与"这一篇"课文的连接点,完成阅读学习任务。

　　什么是恰当的阅读教学路径呢? 阅读教学路径描述了建立学生与"这一篇"课文的连接点和连接通道。从学生阅读能力的现状和发展来看,在班级授课制的教学情境中,阅读教学的基本路径有三条:(1)唤起、补充学生的生活经验。当面对学生在学习"这一篇"特定的课文生活经验和百科知识的不足时,教师可通过背景介绍、实物展示、互动体验、多媒体课件和一些拓展性资源等唤

---

① 王荣生.阅读教学设计的要诀:王荣生给语文教师的建议[M].北京:中国轻工业出版社,2014:17,68.

起、补充学生的生活经验。(2)指导学生学习新的阅读方法。当学生由于语文经验不足,没能掌握与"这一篇"课文相呼应的阅读方法时,教师要指导学生学习新的阅读方法来学习"这一篇"课文。(3)组织学生交流和分享语文经验。当学生离"这一篇"课文的语文经验较近,基本能用已有的阅读方法进行阅读时,教师可以用"这一篇"课文组织学生交流和分享语文经验,以相互触发,获得新的语文经验,加深、丰富对课文的理解和感受。

综上可以发现,阅读教学过程设计要关注两个方面:一方面是"这一篇"特定的课文,即"这一篇"课文的文本体式特征;另一方面是学生的学情特征,即分析学生已有的人生经验和语文经验与所要学习的"这一篇"课文所需要的人生经验和语文经验的落差。中小学阅读教学就是要根据文本体式和学生学情来选择和确定教学内容,并且设计以学生为主体的"学的活动"。

(三)具体文类的阅读教学设计原理

1.散文阅读教学设计原理

在中小学语文教学中,散文特指文学性较强的现代散文,是中小学阅读教学的主导文类。散文阅读教学设计,要具体地把握散文的特征,把握这一文类的阅读活动的特性,把握散文阅读教学的原则。

"文学性散文"有两个重要特征:(1)散文是高度个人化的言说对象,是作者眼里的主观的人、事、景、物。如《荷塘月色》中的"荷塘"只是属于朱自清那夜他眼中的"荷塘",若是换个人或换个时间、换种心绪,见到的"荷塘"就不是如朱自清所言说的那样。(2)散文是作者以其独特的情感认知,叙写在日常生活中的独特发现和感悟,以及他独特的人生经验。如《我与地坛》是史铁生在地坛中生发的独特的人生感悟。

因此,散文的阅读教学设计要把握两个要领:一是分享作者独特的人生体验,要区分读者之"我"与作者之"我";二是体味精准的语言表达。"体味是细读,是仔细领会。"①例如,教学《我与地坛》时,作为读者的我们可以通过体味史铁生写母亲"送"和"找"这一精准的形象描写,领会史铁生所分享的母爱的苦难与伟大,以及"我"的痛悔和对母亲的怀念之情。

---

① 王荣生.散文教学教什么[M].上海:华东师范大学出版社,2014:44.

2.小说阅读教学设计原理

王安忆说:"小说是心灵的历史。"小说阅读就是要用读小说的方式走进心灵,小说阅读教学设计要引导学生学会用读小说的方法走进作家的心灵。那什么是读小说的方式?

首先,要抓住小说的体性特征去读小说。"小说的本质特征是叙述、虚构,要从叙述、虚构的角度去读小说。"①从叙述来说,读小说可以抓住叙述视角、叙述时间和叙述语言等方面的特征。其次,要抓住小说的类性特征去读小说。中小学语文教材中的小说,大致可以概括为两类:传统小说和现代小说。传统小说最大的特点是故事情节,主要表现的是人的外部、外在环境、外在事件。现代小说又可分三类:情节类小说、心理类小说、荒诞类小说。不同类型的小说,教学内容和教学方法不同。比如《林教头风雪山神庙》这种情节类小说,重点是把握人物活动的愿望、障碍、行动。最后,抓住小说的个性特征去读小说。每一篇小说都有自己的文本体式特征,都有自己区别于其他类型小说、其他单篇小说的独特的地方与价值,而它的独特之处与独特价值正是我们要读这篇小说、教这篇小说的价值所在。小说阅读教学应该把每一篇小说的独特性揭示出来并教给学生。

3.文言文阅读教学设计原理

文言文在中小学阅读教学中占的比重较大,也是学生最不爱学、最难学的。文言文多层面地体现着中国传统文化:第一层面,文言文是有着独特语法结构的文言;第二层面,文言文体现了传统思维方式;第三层面,文言文记载了我国古代天文地理、典章制度、风俗民情和生活方式等文化内容;第四层面,文言文蕴含着中国古代仁人贤士的情感和思想。文言文中,"文言""文章""文学"和"文化"这四个方面相辅相成,指引着文言文阅读教学设计的着力点。②

文言文阅读教学的最终落脚点是文化的传承与反思,即把握文言文所传达的中国古代仁人贤士的情意和思想。首先,文言文阅读教学设计对于文言文字词句,可依放过、深入、突出、分离的原则处理,要适时适地使用翻译。文言文不必每字、每词、每句都进行翻译,学生能理解的字词语句放过;对于运用了文言特殊句法,集中表现作者情意和思想的章法考究处、炼字炼句处和需要调动学

① 王荣生.小说教学教什么[M].上海:华东师范大学出版社,2015:11.
② 王荣生.文言文教学教什么[M].上海:华东师范大学出版社,2014:2−10.

生的生活经验具体感受的字词语句要适当翻译,做深入处理;对于古今"同中有异"的"常用字词"要进行具体解析,在教学中予以突出;而对于考试中常出现的文言字词、特殊句式等可分离教学,不穿插在授课中,而是放在课前、课后,或是布置家庭作业,或是利用黑板、墙报等强化记忆。其次,文言文阅读教学设计应着眼于文言文的章法考究处、炼字炼句处。章法考究处、炼字炼句处,往往就是"所言志,所载道"的关节点、精髓处。在教学设计中,抓住这些关节点,就能引导和帮助学生把握作者所言之志、所载之道,理解古代仁人贤士的情感和思想。再次,文言文阅读教学设计要重视文言知识的应用价值。教师应当适当地引入一些文言知识,帮助学生理解课文,把握作者言志载道的社会文化背景。最后,文言文阅读教学设计要重视"诵读"。"诵读"的要义是得其滋味。对言志载道处、炼字炼句处,进行"沉潜讽咏,玩味义理,咀嚼滋味",实现对文本的感悟、理解和体验。

4. 实用文阅读教学设计原理

除诗歌、小说、戏剧和散文之外的所有文章,统称为实用文。现行中小学语文教材中出现的实用文,包括科普文章、新闻、社科文、演说辞、书信、人物传记、书评与影评、序言、访谈录、调查报告、讨论与辩论、图片说明、日记十三类。其中所占比重较大的有科普文章、新闻、社科文、演说辞、书信等。[①] 实用文阅读教学设计首先应该从"实用性"出发选择教学内容,把握作者的立场,关注文本内容的独特性;然后应该依据"不同的读法"确定教学内容,在阅读"这一篇"具体的实用文时,仍然需要根据具体的体式加以指导。

三、写作教学过程设计的原理

纵观中外写作教学理论的发展,经历了三种范式转换,即传统以关注写作结果为主的"文章中心"写作,到20世纪60年代以来以关注写作过程为重心的"作者中心"写作,以及当代以关注写作真实情境、动机和社会功能为重心的"读者中心"写作。三种写作教学理论范式体现着不同的写作教学设计原理。

(一)文章写作设计原理

文章写作是我国目前中小学作文教学的主要形式,主要着眼于文章制作。文章写作设计主要依据的是语言学、文章学和写作学知识体系。比如:从语言

---

① 王荣生.实用文教学教什么[M].上海:华东师范大学出版社,2014:42.

学角度,考虑文章的遣词造句是否合乎语法规范,是否准确、连贯、得体;从修辞学角度分析它的表现手法、表达技巧等;从文章学的角度提炼出主题、内容、结构、语言、体裁等文章知识和"三大文体"(记叙文、说明文、议论文)作文教学知识。在这种观念下的写作教学设计主要围绕审题、立意、构思、选材、布局等进行。王荣生教授指出,我国写作教学主要是三大套路:题目 + 范文;情境 + 活动;教写作技法。① 这套路体现的就是文章写作,它关注"写的结果",学生或模仿范文中的写作知识,或在活动中积累写作材料,或学习一些技法来完成文章写作。

(二)过程写作设计原理

从 20 世纪 70 年代起,国外一些研究者意识到结果式作文的缺点,开始研究中学生的写作过程,形成了影响深远的"过程性写作"。过程性写作受建构主义、信息加工认知心理学等的影响,主要研究写作发生的具体过程和写作者的认知心理机制。1981 年美国学者弗劳尔(Flower)和海斯(Hayes)提出了著名的"认知过程写作模型"②,他们把写作过程看成是一个问题解决的过程,认为成熟的写作者的写作过程具有三个主要阶段——任务情境、作者的长时记忆和工作记忆,强调作者自我监控的重要性。而从写作者的认知心理机制来看,他们认为写作是一种把思想转化为书面语篇的过程,包括目标设定,产生想法,篇章组织、起草、修改和校对等环节。总之,过程写作主张根据预写(构思)、起草、修改、校订和发布五个阶段来进行写作教学设计。它由关注"写作结果"转向关注"写作过程",由关注"写作产品"到关注"写作主体",由关注"外在结果"到关注写作者的"思维过程"。

(三)交际语境写作设计原理

20 世纪八九十年代,受功能语言学、社会建构主义、认知心理学等理论的影响,人们逐渐明确写作的本质是交流,写作是具体情境下的交流和意义建构,"交际语境写作"时代开始降临。建构主义写作观认为,写作是作者和读者之间在一定的外部世界环境中的交流活动,把写作者和接受者基于知识、信息和周

---

① 王荣生.写作教学教什么[M].上海:华东师范大学出版社,2014:3.

② FLOWER L,HAYES J R. A cognitive process theory of writing[J]. College composition and communication,1981,32(4):365 – 387.

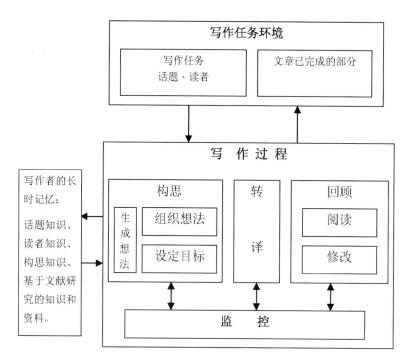

弗劳尔和海斯认知过程写作模型

围环境的意义建构和交流作为着眼点。交际语境写作理论认为写作即交流,注重写作的功能,强调在真实或拟真的社会情境、任务场景或者具体语境中的读者意识、目的意识、功能意识、语境意识、语体意识、文体意识等。① 交际语境写作通俗地讲可以叫作真实写作,但这个"真实"不仅仅是真人、真事、真内容、真情感,还包括一种拟真状态,也就是语境的真实或者叫作交际语境要素上的具体。

交际语境写作要素主要包括读者、作者、目的、话题、文体和表达六个要素。② 读者是指写的文章是给谁看的,是作者写的内容的主要需求者和消费者,作者提出想法、呈现材料等都需要考虑读者的信息需求和已有的知识状况;作者是特定语境中的书面语言的示意人,作者需要明确自己以什么身份、口吻说话才能达成有效的交流;目的指文章的交际意图,即写文章是为了传达信息、分享经验,还是劝说议论、审美娱乐等等;话题是指写作对话的材料、场域和情境;

① 荣维东.交际语境写作[M].北京:语文出版社,2016:17.
② 荣维东.交际语境写作[M].北京:语文出版社,2016:201.

文体则明确所要写的文章有什么类型特征,如自我表达类写作是为了表达自己内心的思想情感,与人交流类写作或是为了传递自己的体验,或是为了解释说明自己的观点,或是为了劝导说服别人相信自己的主张等;表达则要求选择合乎语境的言语形式。交际语境写作设计就是要围绕这些要素创设真实或拟真的写作任务情境,设计真实多样的写作学习活动,搭设支架,引入评价量表帮助学生完成特定语境下的语篇构造。

综合而言,文章写作教学设计关注写作产品是什么样子,过程写作教学设计主要关注文章写出来的方法、步骤、策略等,而交际语境写作教学设计关注写作目的、功能、语境等。这三种范式下的写作教学都具有重要的价值,中小学写作教学设计应该将三种范式的写作教学进行一种深度的整合,既要有文章写作、过程写作的学习,也要有交际语境写作的学习。

第二节　语文教学过程的一般环节

一、教学设计的一般过程

赫尔巴特出版的《大教学论》将教育学独立出来,奠定了近代教育体系的基础。他将教学过程分为四个阶段:明了、联想、系统、方法。这四个阶段可构成教学设计的一般过程。第一步"明了"即在新课讲授的时候通过教师示范或者运用直观教具将新课的内容清晰地呈现给学生,使学生获得生动的表象并明了新词汇、新概念和新原理等。第二步"联想"即教师帮助学生将新知识与旧知识建立起联系,相当于教师针对某一具体问题进行分析而初步形成某种假设。第三步"系统"是在联想的基础上学生进行深思熟虑并形成最终的结论。最后一步"方法"即将学到的知识运用到实际生活中去,达到学以致用、融会贯通的目的,教师可以采取练习法、实验法、实习作业法等让学生进行实际的操作。

杜威则将教学过程梳理为五个步骤,分别为情境、问题、假设、推论、验证。杜威认为首先要给学生一个真实的经验的情境,在这个情境中提供真实的问题来刺激学生的思维,学生基于已有经验和观察产生对问题的假设,再进行一步步的设想推断,最后再检验假设的合理性。

布鲁纳的发现教学法是以学生为主体,在教师的指导下,学生自觉主动地探索知识解决问题的方法和步骤。教师是学习促进者的角色,帮助学生形成一种独立探究的情境,引导学生自己发现,自己获得知识。

从教学论的层面来说,教学设计的过程经历了认知主义、建构主义、人本主义不同理论取向的影响,逐步发展和完善。20 世纪 80 年代以来,教学设计的发展逐渐进入转型发展期,至今这一过程仍在持续。

二、语文教学设计的一般过程

王荣生教授认为语文教学设计,即一篇课文的教学,有两个方面,四个要点。第一个方面是教什么,实际上就是教学目标的确定和教学内容的选择。第二个方面是怎么教,就是教学环节的安排和学生学习活动的组织。

(一)确定教学目标

确定教学目标首先要明确教学目标的具体所指,即包含教学目标和课程目标两个层面的东西。既要关注课程目标,即课程标准中规定学生需要达到的目标,又要关注一节课中学生要达到的教学目标。

确定教学目标实际就是确定课文的教学点。教学点如何选择呢?教学点的选择就是要备两头:一头备教材,抓住课文的关键点;一头备学生,找到学生的疑难处。文本的关键处和学生的疑难点重合的地方就是教学点。一篇课文的教学点一定是这篇课文的某些词语、某些语句、某些语段、某些关键点,某些学生理解和感受有困难、有问题,但是对理解这篇课文又是非常关键的地方。

学生的疑难处无非是两个方面的问题,即学生的生活经验和语文经验。生活经验是学生所掌握的百科知识,比如学生在理解课文时,需要根据他的一些生活经验来理解、感受课文。语文经验是学生的阅读能力,学生根据他以往的那些阅读的经验来理解、阅读他所读的材料。文本的关键点就是要找到理解和感受一篇课文最要紧的地方。教师要对文本有一定的解读能力,找到理解文本的关键点。以《再别康桥》为例,对于一首诗歌的理解和感受,要关注诗中的意象、节奏、音韵以及四行的排列,包括它的标点符号等,这些都是理解和感受这首诗歌的关键点。

(二)安排教学环节

教学环节安排,就是教学点的先后次序安排。学生应该先解决哪些困难,再解决哪些困难,就是我们所讲的教学的环节。教学环节以三个环节的设置为宜,三个环节成阶梯状,逐步加深。安排教学环节要注意有些教学点较多的情况,教学内容也比较多,这种情况就要进行合并,将教学点合理分布,组织教学环节。另外还要注意,教学环节的安排就是要组织好学生的学习活动。

(三)选择教学内容

学生凭借自己的能力去理解和感受教学点是很困难的,所以一定要以教学内容为依托,就是我们所说的知识点。什么是知识点呢?就是帮助学生解决教学点问题或困难的语文知识,比如学生知道关于诗歌的知识,他读诗歌就会比原来的理解和感受更丰厚、深刻。尤其是在诗歌的形式方面,它的排列、它的声音,学生会更加关注。语文知识要随文而教,即随知识点而教。

(四)组织学生的学习活动

学生的学习活动是学生学习和运用相关的语文知识、解决教学点问题的一个过程。每一个学习环节安排两到三个学生的学习活动。判断一个学习活动好不好,就要看这节课学生的学习活动,学生在课上很忙,一直在思考、在活动,原来读不懂、感受不到的地方,现在有了更充分的理解和感受,这节课就是一节好课。

三、阅读教学的路径

(一)唤起、补充学生的生活经验

对一篇课文,学生之所以理解不了、感受不到、欣赏不着,原因之一是他们的生活经验及百科知识不足。他们或者缺乏必要的生活经验及百科知识,或者受制于自身的生活经验及百科知识而陷入"我向思维",或者没能将生活经验及百科知识与阅读这一篇课文发生真切的关联。上述种种状况往往交织在一起。学生的生活经验及对所学科目知识储备的不足,在中小学其他科目中也是常态,因此上述种种办法,在其他科目的教学中也常用。阅读教学的特殊性在于语文教师的"语文意识"。①

(二)指导学生学习新的阅读方法

对课文理解不了、感受不到、欣赏不着,主要是由于语文经验不足,即学生没能掌握与特定文本相呼应的阅读方法。用心理学的术语来讲,是缺乏相应的图式。正如语文教师常说的,"要教会学生如何阅读","授人以鱼,不如授人以渔"。培养学生的阅读能力,指导学生学习新的阅读方法,这是阅读教学的主要

---

① 王从华.语文教学技能综合训练教程[M].杭州:浙江大学出版社,2014:116–136.

路径。

(三)组织学生交流和分享语文经验

有一些课文离学生的语文经验较近,与学生业已形成的或应该具有的阅读方法较为合拍。用心理学的术语来讲,学生具备可以利用的相应阅读图式,只需要对图式精细化,或对图式做具体化的微调。用这样的课文组织学生交流和分享语文经验,是一条较好的路径。在班级授课制中,学生是学习的共同体。学生既是学习者,也是重要的教学资源。在交流和分享中,同学们相互触发,教师择机点拨,学生往往能获得新的语文经验,加深、丰富对课文的理解和感受。

四、写作教学的一般过程

(一)写作任务情境要素及其创设

任务的设计与人们在日常生活、工作、学习中运用语言文字来传递信息、交流思想、表达情感的写作活动趋于一致,具有特定的功能情境,有具体写作目的,有明确的读者。因此,写作学习任务既具有学习情境,又具有功能情境。正是这种功能情境构成了写作知识、技能和策略的应用情境。要突出任务情境的核心构成要素。真实生活中的写作,一般具有两种功能,即与人交流和自我表达。因而,写作任务情境也相应地分为与人交流的情境和自我表达的情境。这两种任务情境都要关注学生的写作兴趣、写作内容、背景经验和表达经验这几个关键因素。

(二)选择合宜的写作学习元素

荣维东教授指出,我国写作教学正在由传统的结果范式向过程范式和交流范式转型。前者以文本为中心,后者指向思维过程和问题解决,注重语用及交流。不同的写作教学范式需要不同的写作知识,因此,诸如形成想法、构思布局、写草稿和修改等过程写作知识以及有关读者、文体、语体、语境、写作目的等交际语境写作知识将成为写作课程内容与教学内容的重要组成部分。这类知识具有情境性和整合性,因此也成为写作学习元素。

(三)为写作活动搭设多样化的学习支架

写作学习支架的分类标准大致有两种:一种是表现形式,一种是功能。学习支架根据表现形式可以分为范例、提示、建议、向导、图表和解释等类型。依据功能标准,支架分为程序支架、概念支架、策略支架与元认知支架四种类型。程序支架主要为写作学习者引导学习道路,是学生围绕既定写作任务展开各种活动的行动指南。写作学习的程序支架可以有建议、向导、图表、解释和提示等多种表现形式,其中向导和图表较为常见。概念支架的主要功能在于帮助学生识别关键概念,或形成明晰的概念组织结构。概念支架可以有解释、范例、图表、提示等多种表现形式,其中解释、范例和图表较为常见。策略支架的表现形式很丰富,建议、向导、图表、解释和提示等都可以成为策略支架。元认知支架的功能在于支持个体管理自己的思维和学习过程,或引导学习者进行反思。元认知支架的表现形式以问题提示为主,也可以是建议。

五、语文教学过程的案例分析

【案例 4 – 1】

《我与地坛》教学设计过程

环节1:唤起、补充学生的生活经验

学生在进入高中之前已经学过写景抒情散文,知道从散文中描写的人事景物以及作者独特情感的表达两个方面解读。对于史铁生的文章,学生在初中阶段已学过《秋天的怀念》,对其人生经历有一定的了解。但高一学生的人生阅历少,对《我与地坛》中蕴含的复杂的情感及作者对生命、人生的体认是较难理解、领悟的。

针对学生以后的生活经验,教师创设任务情境:在拍摄电视散文《我与地坛》期间,有人建议给这部电影加个副标题:人类的困境与拯救。组织学生交流并明确以下内容:

困境:双腿截瘫。

拯救——地坛:地坛荒芜但并不衰败,让我明白了"死是一件不必急于求成的事,死是一个必然会降临的节日"。

拯救——读者:在漫长的轮椅生涯当中,史铁生以惊人的坚毅,超越了自己的平凡和苦恼,建立起了一座独一无二的文学丰碑。

拯救——读者:他的文字当中,有一种令人心痛的温暖,让读者得以在瞬息当中触摸永恒,在艰难和痛苦中对生活报以宽厚的微笑。

环节2:指导学生学习新的阅读方法

本节课用到的教法:任务驱动法、点拨法;学法:批注法、讨论法。第二部分有一段文字,集中交代了"困境与拯救"的另一条路径,默读课文,圈画出这一段话,读一读,并说说你对这句话的理解。出示青年史铁生和中年史铁生在地坛的照片,并呈现学习任务2:微笑的史铁生在回忆母亲时,头脑中会留下哪些感人的画面,又会产生哪些情感变化呢? 请你在阅读第二部分的基础上,为电视散文《我与地坛》选择一个镜头,并配上解说词。通过问题讨论、批注,指导学生学习新的阅读方法。

环节3:组织学生交流和分享语文经验

出示史铁生中年微笑的照片,联系最后一句话,完成学习任务3:电视散文《我与地坛》略去了这一段画面和解说词的呈现,反复诵读这一段话,联系"人类的困境与拯救"这一主题,向导演建议加上这一部分内容并说明理由(200字左右)。

学生通过聆听音频并反复诵读这段话,小组合作完成建议的写作、展示与交流,互评修改三个任务驱动交流和分享语文经验。教师布置课后任务:阅读《我与地坛》全文,给导演写一封电视散文《我与地坛》的修改建议信,并争取被他采纳。

【案例4-2:写作教学过程的案例分析】
《吟唱美丽的家乡——如何描写景物》教学设计过程

1. 写作任务情境要素及其创设

通过教师讲解创设任务情境。南方、北方,城市、乡村,不同的地方有不同的美景,你的、我的、他的,独特的眼睛发现别样的风景。你的家乡有哪些好地方? 你看到了哪些美丽的风景呢? 请拿起你的笔,写一写自己眼中美丽的家乡吧! 写好后,在班级"我最喜爱的家乡"推荐会上向同学宣读自己的文章,表达自己对家乡的独特情感。

2. 选择合宜的写作学习元素

通过两个写作任务,明确写作学习元素。

(1)写作任务一:挑选一个好地方

你认为的美丽的地方应该有哪些特点? 同意的在对应处打钩,也可以自己填一填;你打算写什么地方,这个地方在哪里,推荐理由属于上面的哪一个或哪几个,简单写一写。

(2)写作任务二:填写构思图表

根据推荐的地方和自己选择的材料,选择一种类型,填写构思图表。

3.为写作活动搭设多样化的学习支架

构建同伴讨论、教师引导、自我发展三种学习支架。通过同伴讨论,提供学习支架:和同伴一起讨论一下,你选择的美丽的地方是否合适? 如果不合适,按下面的提示修改一下自己的构思图表。教师出示例子,提供支架:请用"主旨句＋多角度景物描写"的形式,把自己家乡美文的一个段落展开来写。学生写作,自我构建支架:用"主旨句＋多角度景物描写"的形式展开描写;景物描写要按照一定的顺序展开;景物特点与主旨句表达的情感一致。读读《一处名胜一个故事:中国部分》,这本书从我国风景如画的大好河山以及历史感厚重的无数名胜古迹中,精心挑选了最享有盛名的名胜上百处,给读者提供一个一边阅读一边阅景的平台,让大家欣赏风景的同时也能增长知识和见识。

第三节　语文教学过程的设计技能

在前面两节的内容中对语文教学过程的设计原理以及一般环节进行了阐释,这一节将基于前两节的内容,针对如何设计教学过程的一般环节这个问题,提供一些科学、合理、便于操作的技能上的建议,并结合案例分析,以期为广大的一线教师提供实践上的指导。

一、课文教学设计四个要点的相应策略

王荣生指出,课堂教学的成效,主要不是靠教师在课堂教学现场的发挥,甚至也不取决于教师个人的教学才能,而是取决于课前的教学设计,取决于教师课前对教学目标、教学内容、教学过程、教学方法的周密考量。同时他提出了"课文教学设计的四个要点":教学点的提取;教学环节的安排;教学内容的选择;教学活动的设计。下面将对这几个教学过程提供一些一般性的技能的指导,其中主要结合阅读与写作的教学案例对教学活动中任务的设置技能进行比较详细、具体的阐述。

（一）提取教学点的策略

1.关注学生作为"学习者"所欠缺的经验

在尊重并利用学生作为"阅读者"已知的经验的同时,关注学生作为"学习者"理解和感受不对、不够的地方。这些地方就是教学需要教的点。在课堂教学中要教的或者主要需要面对的,就是学生拿到一篇课文可能会出现问题或有困难的地方。如王荣生老师举的一个很著名的老师教《再别康桥》这首诗歌的例子。在那个单元里,学生先学了一首毛泽东的词《沁园春·雪》,在学习过程中,学生明白了要读出这首词中领袖的气势、气派、气度和风采。当教师让学生先朗读《再别康桥》时,学生齐声朗读:"轻轻的我走了。"教师打断说:"慢点慢点,停!我听着好像不是轻轻地走了,我听着好像是重重地走了。"由此可知,声音和情调、声音和情感可能是这个班的学生需要学习的。我们读押韵的诗句时一般会读得响亮一点、延长一点,有一种响亮、明亮的感觉。对这一点可能有些学生不太明白,有些学生过去可能没有相似的读诗经验。《再别康桥》每一小节都换韵,换韵就意味着跳跃。所以这首诗不仅有一连串意象的跳跃,而且随着音韵的跳跃,也产生一种很明显的情感的跳跃。从音韵的角度、从声音的角度,去理解和感受一首诗的意象,去理解和感受一首诗所传递的那种情感、情感的色调和基调,这对目前还没有形成成熟的阅读经验的学生来说,是需要学习的。

2. 抓住理解和感受课文时的关键点

"备教材"就是抓住课文的关键点。一篇课文的理解和感受有哪些紧要的地方,这就是"备教材"所备的地方。还是以《再别康桥》为例,老师们都知道,一首诗歌的理解和感受的关键点是意象、节奏、音韵以及诗行的排列,包括标点符号,有语意方面的,也有声音、形式、视觉方面的。

(二)安排教学环节的策略

解决课文里的"教学点"时往往涉及教学环节的安排问题,好的教学环节的安排策略可以助推教学点的解决。王荣生根据所研究的大量优秀教学案例总结出了"台阶式教学",教学环节大致呈现三级台阶状(也就是三个环节),教师引领学生先上这个台阶,再到那个台阶。如王崧舟老师执教的《长相思》,在第一个环节中设置了三个小步骤:第一,读对生字、多音词、停顿;第二,再多读几遍,看看能不能读出点味道来,读出点感受来;第三,学生讨论作者"身在何方,心在哪里"。通过这样三个步骤,学生明白了这首词讲的是什么。这种明白和他们在上课之前是不同的,其理解和感受超越了只凭借原有水平多读几遍。是不是课文前面的语段就在先,课文后面的语段就在后呢?一般来说教学点出现在课文前边的,要安排在先,但是也有例外:一是遵循阅读的逻辑,阅读理解是非线性的,有时读懂了后边的文字才能更好地理解前边的内容,那么教学点的安排就要发生变化;二是遵循学习的逻辑,学生容易学会的安排在先,学习有较大难度的宜安排在后。

(三)教学内容的选择策略

无论是课文教学还是单元教学,基于项目的学习最终的目的都是使学生更好地学习知识,掌握更有用的知识。关键是哪些知识,学生学了这些知识干什么用。教学内容选择就是指选择什么语文知识。对于阅读来说,"语文知识"主要是指阅读的方法、策略。所以,阅读教学内容的选择,一方面可以在语句和语篇的关键点中选取。比如前面讲的王崧舟老师教学《长相思》时讨论作者"身在何方,心在哪里",从"身""心"这两个字眼,可以看出什么来呢? 我们看出了关联上下阕的"身""心"的冲突和矛盾。这就是我们讲的阅读方法。另一方面可以在每一个环节教学点下面,用电报式的语言罗列出相应的知识点,即学生要读懂、理解、感受这个教学点,可能需要哪些语文知识,需要学习和运用哪些阅读方法和阅读策略。

(四)学习活动的组织策略

语文知识,光靠教师"讲"往往是没有用的。语文知识的学习,需要学生在理解和感受课文教学点的过程中体验,用时下流行的术语说就是"建构",学习活动的组织就是在教学中通过搭设支架来帮助学生梳理知识和运用语文知识解决教学点的问题的过程。判断一个学习活动好还是不好,是否有效果,标准是能否学习和运用语文知识,所以在组织学习活动时要考虑以下几种因素:任务情境(人的活动、产品、规格要求)、阅读材料、活动时间、活动形式(独学和群学)、学习支架。可以采取以下几种策略:

1.从知识层面设置学习活动。通俗地说,教师要熟悉教材,充分发掘教学内容之间的联系,利用学生已经拥有的知识积累作为铺垫,使其逐步从"已知"走向"未知",从"知少"到"知多"。

2.设置一连串与教学重难点相关的能够引发学生思考的问题,比如通过标题要引出本文主要内容、写作背景、写作意义、作者情感等相关学习内容。

3.利用背景知识组织活动。针对教材中的特定篇目,教师可以考虑从写作背景入手组织活动,要么介绍作品创作的特定时代与社会背景,要么介绍其在历史上的辉煌艺术价值。这种方法操作起来比较简单,只是需要教师备课时多花时间搜集与写作背景相关的资料。

4.利用文章相关的其他知识组织活动。教师可以有意识地搜集这方面的资料,并加以有效利用。

5.从情感层面创设一定的情境。教师根据课文所描绘的情境进行加工,并借助音乐、图画、实物等手段,创设出一种特定的氛围。上课伊始,教师根据即将学习的知识内容的需要,创设出符合要求的情境,从情感层面打动学生,通常还要辅以教师声情并茂、富有煽动性的话语描述。

6.从兴趣层面来说,学习活动可以这样设计:(1)巧设问题,制造悬念。语文教师运用这种方法组织活动,通常要求借用巧妙设置的问题或其他手段。实际教学过程中,一般可以从课文故事情节的发展走向、人物命运的起伏升降以及作家作品在特定历史时期的特定意义等方面来设置。(2)利用实物,形象直观。教学过程中,可以借助实物、模型、卡片、图片等媒介,形象直观地组织阅读课的学习。如有教师教学说明文《南州六月荔枝丹》时,首先向学生呈现一颗荔枝,并问:"这是什么? 吃过吗? 它有什么特点? 想不想知道更多关于荔枝的知识?"同时配以师生之间的良好互动,教学效果非常好。(3)在课前稍作准备,组织学生做些排练,把即将学习的课程内容、教学重难点融合进活动之中,让学生通过活动来获得一些感性的体会,为接下来的学习做好准备。值得注意的是,选择哪种方法要根据学的时间来确定。

二、任务设置的相关技能

任务情境设置需要教师们更多地去注意,这也是当前在课程改革的大背景下,语文教师常常遇到的疑难之处。关于教学过程中任务设置的内涵和必要性就不再赘述了,这里主要分析如何去设置任务的问题。在现今新课程改革的背景下,教学情境的开发受到越来越多的重视,强调真实的教学情境,所以在教学过程中的任务也要体现情境性。任务的设置与创设任务情境密切相关,在某种程度上可以说任务设置附着在任务情境的创设中,任务情境的创设影响着任务的设置。总的来说,教学过程中的任务设置有以下几个技能需要把握:

(一)关注文本与学生的关系

在创设任务情境时,一定要保证所设情境能诱发学生的认知冲突,造成学生心理上的悬念,从而唤起学生的求知欲望,激发其学习兴趣,把学生带入一种与问题有关的情境中去,进行有效的学习。因此,任务的创设,必须基于对学生已有知识、生活经验和教材内容全面科学的分析,这样才能找到教学文本与学生经验的"结合点",有针对性地进行教学。

(二)处理任务与任务之间的关系

教师在创设任务情境时,应尽可能设计一个连续的完整的情境,在任务设置中就体现为有梯度的、有层次的问题链,需要考虑的是任务之间的衔接与过渡;一般可以用组合、铺垫或设台阶等方法提高任务的整体性和连续性,与此同时,需要注意的是在教学中要及时对任务之间的关联进行有机整合。因此,教师在任务设计时可以将任务分为整体任务和每一节课的具体任务、确定好它们之间的关系,不要使单元任务与整体任务脱节或毫无关系。具体任务的设计要围绕整体任务的完成进行构思,以确保教学效果和最终目标的完成。

(三)让学生生成任务

如果任务都是教师提出的话,大部分就是为了引导学生得出规定的答案,这样的任务不能培养学生的素养,因为忽略了学生提问题的能力,即自我思考发现问题的思维过程没有得到体现,有素养的学生是能够自己发现问题的。因此,要鼓励学生在课堂上生成一部分任务,将学生自己发现的、教师认为有价值的问题转化为任务,充分发挥学生的主体作用。学生提的问题越多、越深入,说明其思维越活跃。教师通过学生所提问题能及时了解学生的思维动态,在和学生的讨论交流中,二者的思维相互碰撞、启发、引导,最终生成新任务。

(四)设置延伸性任务

任务分为限制性任务和延伸性任务,教师设置的更多是限制性任务,因为这个操作起来比较简单。限制性任务就是为了掌握某些必备的知识和技能,教师在创设任务时根据特定的知识内容和教学目标设置的有相对标准答案的任务。延伸性任务则是当前教学应当解决的问题,又蕴含着与当前问题有关,需要学生自己回味、思考的问题。处理好限制性任务和延伸性任务的关系可以达到提高课堂教学效率的目的。

(五)设置可操作性和考核性的任务

任务明确后,最好的教学方法是让同学们在教师的指导下,或讨论或自学或探索来完成任务,而不是全部由教师来自导自演。教师在带领学生突破本节课的教学难点以后,就应该尽快将任务交给同学们来单独或共同完成。因此,任务设置要有可操作性,在任务设置中须明确将要完成什么任务,而不是漫无目的地进行操作。此外,基本任务设置要有可考核性,教师要进行及时的跟踪和检查,了解和掌握学生的学习效果、学生是否完成了基本任务,所以设置任务要有一定的评价标准,如完成程度等。

　　总之,教师进行"任务"设计时,要仔细推敲每个知识点,统筹兼顾,为学生设计、构造出一系列典型的操作性"任务",让学生在完成"任务"的过程中掌握知识、技能和方法,充分发挥学生的主观能动性,训练他们的各种创造性思维,全面提高他们的综合素质。下面分别以阅读教学与写作教学为例阐明任务设计技能的要领。

三、阅读教学与写作教学任务设计要领

(一)阅读教学任务设计技能

　　阅读教学的任务设计策略涉及每个教学环节(起始、推动、终点)的教学点、教学内容和"学的活动",下面以《我与地坛》的教学设计为例进行分析。

　　文体对于教学有很大的影响,《我与地坛》是一篇回忆性散文,根据王荣生教授的观点,散文阅读的要领可以归结为一句话,即"分享作者在日常生活中感悟到的人生体验,体味精准的言语表达",详细来说有以下几点:1. 引导学生区分人、我,体察散文表露的陌生经验;2. 引导学生学会在分享、认识和理解作者的所见所闻、所思所感的过程中观照自我;3. 引导学生细品作者言语表达的功力,体味精准的言语表达所蕴含的意味和作者的情调;4. 培养学生以言逮意的追求。这是散文的教学点、教学内容所在。

　　首先,在《我与地坛》的起始阶段,先对这堂课做一个描述,是对教学起点的确认。给出一个任务情境:在拍摄电视散文《我与地坛》期间,有人建议给这部电影加个副标题"人类的困境与拯救"。一开始就让学生直接进入课文的教学会有点困难,所以老师试图让学生将问题情境中的思考迁移到对课文的阅读和理解中。创设这个情境使学生从文本的阅读中获得一种新的理解和体认。接着出示学习任务1:结合你学过的第　部分内容,你们认为加上这个副标题合适吗? 提出你的观点并说明理由。这样就组织起学生第一个有结构、相对比较充分的"学的活动",学生开始思考文本中的主要内容是什么,并交流自己的看法,教师在这个环节指导学生发言的要点。接着,在推动任务2的设置中启动第二个教学环节。阅读课文的第二部分,出示青年史铁生和中年史铁生在地坛的照片,并呈现学习任务2:微笑的史铁生在回忆母亲时,头脑中会留下哪些感人的画面,又会产生哪些情感变化呢? 请你在阅读第二部分的基础上,为电视散文

《我与地坛》选择一个镜头,并配上解说词。这时教学点要求学生抓住关键的句子体会史铁生表达的关于母亲和自我生命思考的意义,教学内容是分析文中的关键词句,组织的学生活动是让学生在充分的交流之后,学生再自由朗读,在新的学习经验基础上感受、理解《我与地坛》这篇课文"母爱的苦难与伟大"这一民族文化形象,而不是学生所认为的对句子的修辞手法的分析。这时教师不断调节学生发言的走向,使学生的交流角度不断增加。最后环节,教师出示史铁生中年微笑的照片,联系最后一句话,完成学习任务3:电视散文《我与地坛》略去了这一段画面和解说词的呈现,反复诵读这一段话,联系"人类的困境与拯救"这一主题,向导演建议加上这一部分内容并说明理由(200字左右)。写作的任务设置既体现了散文阅读的重心是分享体验作者独特的人生经验,又达到弥补学生的生活经验、深化对"人类的困境与拯救"主题的理解的最终目的。

总的来看,需要关注的是教师是怎样通过任务来启动一个环节的?问了什么问题?为什么这样的问题会激发学生积极的学习活动?为什么这样的问题情境会引导学生相互交流?其实就是把教学点和教学内容转化为学生学的行为,并落实在教学设计中,落实在课堂教学中,并尝试以任务来推动课堂教学的环节。

(二)写作教学任务设置技能

关于写作教学的任务设置技能,我们以八年级上册第三单元的写作为例,主要从几个环节来看。第一个环节是联系课程标准,确定单元学科"大概念",这个环节主要是为了教学做好准备,具体来说要做好以下几点准备:

(1)教材单元主题与语文学习分析

本单元为八年级上册第三单元,主要选定的是以"山水"为主题的古诗文,从教材的选文来看,它们共同的聚焦点是通过歌咏山水,表达作者的独特情感和精神境界。从语文学习的要素来看,本单元学习的阅读要点是"通过阅读这些歌咏山水的优美篇章,获得美的享受,净化心灵,陶冶情操"。写作要点是"学习描写景物"。关于描写景物,教科书在64页有一段写作知识提示,但对于"如何多角度进行展开描述",教科书没有进行具体说明,角度不够完整,对于如何抓核心景物,教材中甚至没有提及。据此,可以设计"挑选一个好地方"和"填写构思图表"两个写作任务分别解决美的特征有哪些和如何写出美的特征的问题。

(2)写作学情分析

从八年级学生的学习和生活经验来看,学生已经掌握了在写景的过程中融入修辞手法、调动各种感官等写作技巧,这些知识在课堂教学中只要点一下就可以了。学生对于抓住核心景物(元素)进行多角度描述的能力非常欠缺,描写景物的角度比较单一。根据这一点可以设置填写构思图表的写作任务,补充写作知识。

(3)确定单元大概念

依据前面分析的本单元人文主题以及语文要素,将本单元的大概念择定为写作方法指导,即体会景物之美,学习写景的方法。

第二个环节是围绕大概念,提取写作学习元素。依据本单元的大概念将本单元的核心写作学习元素定为:围绕核心景物展开多角度描写。所以设置写作任务三:起草家乡美文。在教学时围绕该任务,注意引导学生调动联想和想象,还原作者观景时的情境和视角,在头脑中再现文中描绘的景物,体会景物的特点和神韵。在写作技法上,要注意引导学生关注课文写景的方法,努力用语言营造画面感,讲究结构布局、色彩处理,通过远近、明暗、虚实、浓淡、藏露、疏密等对立关系的和谐统一表现景物的立体感、层次感,达到一种直觉体悟的审美效果。

第三个环节是指向终点,预估学习结果,写作表现性评价任务。根据学生年龄特点和知识掌握程度,拟定表现性评价的要求,在真实的任务情境中,运用评分规则对学生完成的习作做出判断。需要注意的是,评价的要点集中在三个方面:(1)用到两种以上的写景角度;(2)以一种写景角度为主安排写作顺序;(3)突出景物的特征。以此设置写作任务四:评价与交流。

练 习 题

1. 语文教学设计的步骤是什么?

2. 阅读教学的一般过程有哪些?

3. 选择一个语文教学课题,为其设计教学过程,并写出设计依据。

第五章　学习任务群教学设计技能

　　"学习任务群"这个概念最先由《普通高中语文课程标准(2017版)》提出。此后,学习任务群成为语文课程架构的核心元素和语文教学的重要方式。《普通高中语文课程标准(2017版2022年修订)》《义务教育语文课程标准(2022年版)》都沿用了学习任务群概念。学习任务群不仅是语文课程内容的组织与呈现方式,也代表了一种全新的教学理念。学习任务群教学设计技能也是语文教师的必备技能。

第一节　学习任务群教学的功能定位与大概念选择

　　在语文学界,"学习任务群"与"大概念"这两个概念最早出现在《普通高中语文课程标准(2017版)》中,学者们认为通过学习任务群来组织语文课程内容、以大概念组织语文教学,有利于语文学科核心素养的落实。学习任务群是一个具有多层面含义的复合概念,能够推动语文课程范式转型。大概念是从国外传来的新颖概念,它类似于奥苏泊尔提出的上位概念,是从众多事实性知识中抽象出来的,能够统整零散的事实性知识。对于很多人而言,这两个概念极为陌生:什么是学习任务群? 以学习任务群组织教学有何价值? 什么是大概念? 怎样选择大概念? 为帮助大家认识它们,本节主要从这几个方面进行梳理:学习任务群与大概念的来源、内涵及设计意图,学习任务群教学的功能定位,大概念的选择,定位学习任务群教学功能与选择大概念的案例分析。

一、学习任务群及大概念的概念辨析

　　学习任务群与大概念都是2017版课标提出的新概念,两者都是落实语文核心素养的有效途径。

(一)学习任务群

　　在2017版课标中,"学习任务群"这个概念主要分布在"课程结构"的"设

计依据""课程内容""实施建议"三个板块中。课标对学习任务群做了如下表述:"'语文学习任务群'以任务为导向,以学习项目为载体,整合学习情境、学习内容、学习方法和学习资源,引导学生在运用语言的过程中提升语文素养。"①这是有关"学习任务群"最权威的表述。随后,学习任务群出现在最新颁布的《义务教育语文课程标准(2022年版)》中,渗透在"课程理念""课程内容""课程实施"三个部分。普通高中有18个学习任务群,义务教育阶段有6个学习任务群,无论是2022年版的义务教育课程标准还是2017年版高中课程标准,都体现了素养为本、情境驱动、问题导向的倾向。作为新课标中的一个重要概念,学习任务群对语文课程组织、教材编写和课程实施都有极为重要的意义。有人指出,学习任务群体现的是课程内容从关注"学习内容"到"学习任务"的变化,是由知识文本向语言实践活动的转化。"学习内容"属于静态知识经验,而"学习任务"则具有情境性、活动性和实践性的特点。

语文学习任务群指具有特定学习目标和内容,成系列的、真实的、统整的语文学习实践。学习任务群具有三个层面:课程层面的任务群,作为一种新的课程内容组织与呈现方式,它表现为具有特定的学习目标和内容的相对独立的课程模块;教材层面的任务群,作为教材内容的表现形式,它表现为一个个相对独立的学习单元;教学层面的任务群,作为一种教学方式,它表现为一系列真实或拟真的语文学习活动设计。②

语文学习任务群具有三大特点,分别是情境性、结构性和实践性。语文学习任务群教学需要创设情境,这种情境不是小情境,而是从头至尾能够贯穿整个单元任务群学习的大情境。这种情境能够沟通课内阅读与课外阅读、课堂与真实生活,在这种情境下,有助于学生迁移运用课内的知识经验至现实社会生活中。语文学习任务群的内容较丰富,层次众多,因此具有结构性。语文学习任务群要将广泛的知识合理安排至每一个年级,逐层递进,螺旋上升,使得学生的学习从具体到抽象、从简单到复杂。教师为学生提供相应的学习支持,在符

---

① 中华人民共和国教育部.普通高中语文课程标准:2017年版2020年修订[M].北京:人民教育出版社,2022:8.

② 荣维东,李雯雯,张耀友.语文"学习任务群"统解[J].语文教学通讯,2022(16):14-18.

合学生认知水平的基础上逐步提升学习能力。学生是语文实践的主体，"语文学习任务群"的"任务"一词特别强调了这点。语文学习任务群要从学生的现有基础出发，设计语文实践活动，要控制在学生能思能想的范围内。

语文课程标准几经变革，课程文件中的核心概念由单元、单篇、模块再到学习任务群，标志着语文课程价值导向的变化，更加注重课程的科学性、实践性和教学的综合性、学生的参与性。学习任务群的提出改变了原有的语文课程内容建构的思维方式与基本路径，以发展学生的核心素养为目的，提高了学生参与语文课堂的积极性。

(二)大概念

大概念(big ideas/big concepts)是由国外引进来的新概念，在教育领域，大概念的理念其实早就有了。例如奥苏泊尔的"要领概念"、布鲁纳的"一般概念"、布鲁姆的"基本概念"、埃里克森的"概括、原理"等，都已经具有大概念的内涵和意义。国外学者在大概念内涵的认识上形成了四个基本的观点：上位概念，认为大概念属于高层次的概念，统摄下位概念；核心概念，认为大概念是学科学习的核心；认知框架，认为大概念能够组织学科内容，使之序列化；意义模式，认为大概念代表着一种有意义的模式。

大概念传入语文学界后，在最新版高中语文课程标准的"前言"部分，其表述为："进一步精选了学科内容，重视以学科大概念为核心，使课程内容结构化，以主题为引领，使课程内容情境化，促进学科核心素养的落实。"课程设计者希望以大概念来组织课程内容，使之结构化。我国的学者们对于大概念有不同的认识。李松林认为，"大概念是指处于高层次、居于中心地位和藏于更深层次、兼具认识论、方法论和价值论三重意义因而能广泛迁移的活性概念，其根本特性是意义性"[1]。王荣生认为，从学习内容的角度来看，大概念实际上是跨学科或"核心的概括性知识"[2]。刘徽认为，大概念可以被界定为反映专家思维方式

① 李松林.以大概念为核心的整合性教学[J].课程·教材·教法,2020,40(10):56 - 61.
② 王荣生.事实性知识、概括性知识与"大概念":以语文学科为背景[J].课程·教材·教法,2020,40(4):75 - 82.

的概念、观念或论题,它具有生活价值,与大概念配套的动词是"理解"①。虽然学者们给大概念下的定义不同,但他们的认识也有相似之处。大概念是抽象出来的概念,它与概念不同,它的范围比概念更为广阔,同时也更为抽象。它是在经验和事实的基础上,对概念与概念之间的关系加以抽象的结果,能够联系整合概念。大概念的"大"不是指数量之大,而是指核心,是一门学科中最核心的知识、概念,"核心"指的是"高位"或"上位",具有迁移价值。大概念是有层次的,包括跨学科大概念和学科大概念,层次越高的大概念越为抽象。大概念的"概念"不仅局限于"概念",它有三种表现形式,分别是概念、观念和论题。

以大概念来组织教学能够促进学生学科核心素养的落实。从教学内容来讲,学科大概念指向学科核心知识,同时又是学科核心素养最主要的体现。学科大概念能促进结构性教学,帮助学生深刻地理解教学核心任务与自身发展之间的联系。学科大概念能够聚焦学科核心内容,明确教学核心任务。基于大概念进行语文教学设计,有助于教师理清教学重点,同时又清晰明确地表述教学目标。学科大概念有助于确定教学的优先次序,架构学科知识框架。

(三)学习任务群与大概念的关系辨析

学习任务群与大概念是相辅相成的关系。大概念有助于落实学科核心素养,学习任务群是大概念生成的途径之一。学习任务群承载着语文课程内容,其设计目的在于落实学科核心素养,促进学生的发展。学科核心素养的培育离不开学科教育,但传统学科教育花费大量时间教给学生的多是事实性知识,这些知识很容易就会被学生遗忘,难以真正促进学生的成长。大概念的提出价值在于让学生获得带得走的能力,而不是给学生背不动的书包,授之以渔而非授之以鱼,为学生未来的发展奠定基础。大概念不是无所不包、内容庞杂的概念群体,而是学科领域本质的核心,往往通过深入探究得以掌握。大概念需要通过遴选分析才能进行教学转化。学习任务群是提炼大概念的一个重要途径。任务群中陈述或暗示了大概念,例如其中反复出现的关键名词、形容词和动词等,深入剖析学习任务群能够得出大概念。学习任务群与大概念相辅相成,共同致力于学生核心素养的发展。

---

① 刘徽.“大概念”视角下的单元整体教学构型:兼论素养导向的课堂变革[J].教育研究,2020,41(6):64-77.

二、学习任务群的教学功能定位

学习任务群是课程内容的组织形式，是教师确定教学内容的方向标。在具体的教学实践中，要将学习任务群与语文学科核心素养联系起来，以核心素养引导任务群教学，以任务群教学实现语文学科核心素养。

（一）重组课程内容

语文学习任务群以学习任务统筹学科逻辑、学习逻辑、生活逻辑，选择、组织和呈现课程内容，改变了语文课程的文化构成和呈现方式，形成了新的完整的课程内容体系。2017年，高中语文课程标准创建了语文学习任务群，以18个学习任务群构成了全新的普通高中课程内容体系；2022年，义务教育语文课程标准设置了贯穿4个学段的6个学习任务群。学习任务群不仅明确了学什么，而且提示了在什么情境下学、怎样学、学什么。语文学习任务群继承、发展了我国语文教育文以载道、以文化人、综合育人的传统，积极探索了20世纪30年代开始语文界先贤们开展的单元教学，推动了21世纪初课程改革以来课程教材建设和一线教师在语文单元整体教学方面的创新与实践。

（二）重构教学单元

每个学习任务群都由若干同类的学习单元组成。学习单元以学习任务整合学习情境、学习内容、学习方法、学习资源、学习评价等各种单元元素，重构了教学单元。传统的语文教学单元把相近的学习内容组合在一起，基本上只是一个内容单位。语文任务学习单元，把学习任务作为载体，包含目标、内容、情境、学习、评价等课程因素，成为一个课程的细胞。

重构教学单元体现了语文课程的综合性、实践性，改变了单元结构方式。以前是以内容为主线安排单元学习，基本是单个知识和单篇文本的线性安排，看起来有序列，其实知识点之间的联系比较零散。现在是以学习为主线，以学习任务为载体，统整单元学习内容及单元各项元素，以学习行为设计牵动内容设计，单元整体感强。因此，需要重视部分和整体之间的关系，特别要处理好单篇与单元的关系。单元整体设计要根据教学目标和主题，精心选择和组织学习内容，充分考虑每一个单篇在单元中的价值与地位，使每一个单篇都发挥应有的价值。

（三）重建语文课堂

语文学习任务群引领语文教学改革，以学习任务统领课堂教学活动，再造课堂教学流程,建立新型师生关系,建立以学生的学习为中心的语文课堂。

学习任务群改变了课堂的时间。不再以一个一个的课时为单位设计教学,而是以单元为单位设计教学,再根据单元整体设计,合理安排课时,把单元大任务统领的、递进或者平行的、连贯且有逻辑的学习实践活动,具体落实到每一堂课中去。有些"整本书阅读"和"跨学科学习"可能会采用课内外相结合的学习方式,更为灵活地安排课时。课堂时间的改变体现了从"知识单元"向"学习单元"的转型。语文学习任务群构建民主、平等的师生关系,重建语文课堂,使学生从被动接受性学习和机械操练中解放出来,极大地激发了学生学习的积极性和创造性。①

三、大概念的选择途径

在语文学科范围内,大概念指的是核心的概括性知识,是从众多具体的事实性知识中抽象出来的,是具体事实支撑的真理。大概念有其自身的逻辑架构与分层体系。在学科层面,有学科大概念,它是整个学科范围内最上层最核心的知识,整合了所有的语文课程知识,覆盖范围最广。在教材层面,有单元大概念,它有两种,一种是单元间的大概念,一种是单元内的大概念,代表的是单元间或整个单元最核心的知识,它是学科大概念的下位概念。在教学层面,有课时大概念,是课时内最核心的知识,它是单元大概念的下位概念。从语文课程到语文教材再到语文教学,大概念层层下落,建构起语文学科课程体系。

大概念是核心的概括性知识,那么如何提取并选择大概念呢?大概念的提取离不开学科专家的指引,在了解学情的基础上,解读学习任务群,并在相应学习任务群中提取出现频率较高的语句,这些句子涵盖的知识范围,就是大概念产生的范围。确定了大概念的产生范围后,再依据教材单元导语给出的教学建议、单元学习任务的要求,还有选文的共同特点来确定大概念。教师先提取出大概念,再将其内化在接下来的学习活动中。下面以具体的案例为例,再现提取大概念的过程。

这位老师在学科专家的带领下,以必修上册第一单元为对象,提取大概念并予以教学实施。

---

① 陆志平.语文学习任务群的价值[J].语文学习,2022(5):11-14.

【案例 5 - 1】

从形象入手,开启文学的审美空间

——高中语文教材必修上册第一单元的设计与实施(节选)

邓通浪

【任务群解读】

高中语文教材必修上册第一单元"青春激扬",属于"文学阅读与写作"任务群。按课标要求,该任务群旨在引导学生阅读古今中外诗歌、散文、小说、剧本等不同体裁的优秀文学作品,使学生在感受形象、品味语言、体验情感的过程中提升文学欣赏能力,并尝试文学写作,撰写文学评论,借以提高审美鉴赏能力和表达交流能力。

该任务群的主要学习内容有:……

其主要的学习方式为:……

【核心知识与关键技能】

本单元我们确立的语文大概念是从形象入手鉴赏和创作文学作品,主要出于三方面的考虑:……

【单元整体教学设计】①

一、分析教材与学情,筛选语文"大概念"

1. 教材分析

①本单元人文主题为"青春激扬",五首诗歌和两篇小说,都是对青春的吟唱,学习本单元,激发青春的激情,理解青春的价值,追寻理想,拥抱未来。

②学习本单元,结合自己的体验,理解诗歌运用意象抒发情感的方法,把握小说叙事与抒情的特点,体会诗歌与小说的独特魅力;学习从语言、形象、情感等不同角度欣赏文学作品,获得审美体验。

③尝试新诗写作。

2. 学情分析

①生活经验:学生进入青春期,有青春的激情和生命的体验,但体验不丰富、不深刻。

---

① 本设计的模板由王从华、胡根林确定并指导。

②语文经验:学生有诗歌和小说的阅读经验,但缺少对文学形象的深入体验和理解,鉴赏能力较弱,缺少新诗的写作经验。

3. 单元大概念

①学习人文主题——对话青春,吟唱青春(回应教材分析①)。

②学习形象与意象——感知文学形象和意象,理解作者创作意图,把握作品表达的感情(阅读,回应教材分析②)。

③学习形象与意象——初步尝试用意象传递丰富的感情(写新诗,回应教材分析③)。

本案例是以第一单元为对象进行单元整合教学。第一单元属于"文学阅读与写作"任务群,从中可以知道这一学习任务群的学习内容与学习方式。要提取第一单元的单元大概念,首先就要解读这一单元对应的学习任务群,重点关注其中出现频率较高的名词、动词及形容词等,由此可以得出本任务群相关的大概念。"本单元我们确立的语文大概念是从形象入手鉴赏和创作文学作品",这是邓老师依据文学阅读与写作任务群得出的语文大概念,是单元大概念的上位概念,要得到这一单元的大概念还需结合教材、学生的学情来进行分析。这一单元的人文主题是"青春激扬",有五首诗歌和两篇小说;学生正处青春期,对于青春有自己的感受,他们也具备阅读诗歌和小说的能力。结合这两方面的分析,可以得出第一单元的单元大概念:①学习人文主题——对话青春,吟唱青春(回应教材分析①);②学习形象与意象——感知文学形象和意象,理解作者创作意图,把握作品表达的感情(阅读,回应教材分析②);③学习形象与意象——初步尝试用意象传递丰富的感情(写新诗,回应教材分析③)。

结合案例,我们可以直观地看到大概念的产生过程。这位老师在学科专家的带领下,深入解读相应学习任务群,梳理出单元的核心知识与关键技能,再结合课程标准、教材和学生学情确定大概念。但在实际的提取过程中要因地制宜,有些单元是依据单个任务群组织的,而有些单元是由好几个学习任务群组织而成,因此,教师在提取大概念时,要依据选文的问题特点和学生的学情来确定大概念。下图是埃里克森构建的"知识的结构","原理概括"及其以上层面就是大概念的所在位置:

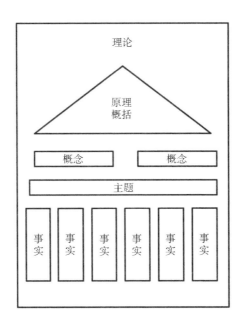

第二节　学习任务群的任务情境的创设

所谓情境,是指任务(问题)的物理和概念的结构,以及与任务(问题)相关的活动目的和社会环境。情境具有两大极其重要的作用:一是构建学习任务与学习者经验之间有意义的联系;二是促进知识、技能和经验之间产生连接。因此,情境包括一般的氛围、物理情境和当前的"背景"事件。

语文学习活动的关键在于"知识技能"转化为"任务",而影响任务的关键在于带有"任务"的情境的创设。学界将这种带有"任务"的情境称为任务情境。恰当的任务情境能够激发学生学习的兴趣,有利于学生主动地理解学习任务、分析学习任务。恰当的任务情境既是推动语文学习转变为活动的前提条件,又是推动语文学习活动顺利展开的环境条件。

一、任务情境的基本类型

任务情境的形式多样,分类的方法也不尽相同。从语文学科属性和学科特征上看,可以将语文教学中任务情境分为两个大方向——阅读教学中的任务情境和写作教学中的任务情境。不同学者对不同语文教学方向的任务情境进行了系统划分。吕新平老师从类型学的角度对任务情境进行深化研究,在《阅读教学情境任务的类型及价值》一文中将情境任务分为三种类型:链式情境任务、对照式情境任务、拓展式情境任务。对于写作任务情境的分类,不少学者认为根据任务情境的真实性可以分为真实的任务情境与拟真的任务情境;根据任务情境的区域可以分为学校的任务情境、家庭的任务情境和社会的任务情境;根据任务情境与活动构成要素之间的关系可以分为对象型任务情境与功能型任务情境;还可以根据任务情境的功能性分为自我表达情境和与人交流情境。以上任务情境的分类得到较多学者的认可,且能在语文教学中设计与实施,构成语文教学中任务情境的基本类型。

在写作教学中,写作的知识技能目标转化为符合特定标准的真实的写作任务是写作学习活动的关键特征。带有真实写作任务的情境称为写作任务情境,但从任务情境的真实性角度可以分为真实的任务情境和拟真的任务情境。任务情境与写作活动的结构要素构成一种复杂的互动关系,从任务情境与活动构成要素之间的关系分类,可分为对象型任务情境和功能型任务情境,二者具有各自的特征与教学价值。在真实的生活世界里,人们从事写作一般具有两种基本的功能,即自我表达和与人交流。由此可以根据这两种功能以谁为主的标准,将写作学习任务情境区分为两种:自我表达的情境和与人交流的情境。

除上述分类角度外,还可以从任务情境的区域性角度将任务情境分为学校的任务情境、家庭的任务情境和社会的任务情境。例如有教师执教《荷花淀》时设计了这样一个任务:"学校读书节到了,为了传承红色经典,推进中国革命传统作品的阅读,学校决定举行'红色最美女子'评选活动。请为荷花淀的女子拍摄一段微视频参加评选,展现她或她们的美。"这从区域性角度来看属于典型的学校的任务情境。教师通过创设为荷花淀的女子拍摄视频参加学校举办的评选活动这样真实的任务情境,让学生通过对文本《荷花淀》的阅读与鉴赏、表达与交流、梳理与探究等活动,运用所学的知识去解决具体情境下的问题,从而实现鉴赏小说的意境美和人情美的教学目标,提升学生的核心素养。

二、任务情境的功能价值

对于任务情境的功能价值,不同学者有不同的见解。吕新平认为阅读教学中不同类型的任务情境具有不同的价值指向,主要如下:链式情境任务可帮助学生建构文本理解的逻辑;对照式情境任务让学生在比较中形成认知;拓展式情境任务促使学生实现方法和能力的迁移。① 陈青柳、叶红珠基于 2019 年浙江省高中语文教学评审与观摩活动部分课例的分析,看到了适切的情境任务设计之于语文教学核心价值追求的意义:媒介融通,使静态知识动态化;美读演绎,使情感体验深刻化;仿真交际,使素养形成综合化。② 除此之外,对于任务情境在语文教学中的主要功能和作用,笔者认为主要有如下三点:

(一)发挥任务驱动作用,改变传统教学模式

任务情境的设计体现了"学生为主体"的教学思想,改变了传统教学法中教师讲、学生听的教学模式,学生在学习中起主体作用,成为学习的主人,教师则在教学中起组织、引导、促进、评价、咨询的作用。在教学中设计合理的任务情境可以充分发挥任务驱动作用,易于激发学生学习的兴趣和保持学生的学习积极性,在教学中随着任务的完成,学生的成就感也会随之不断产生,改变了传统教学中学生参与性低的局面,使学生在学习中充满自信。除此之外,任务情境的设计还可以锻炼学生的合作探究和沟通交流能力,可以促使学生在学习过程中耐心倾听他人的意见、勇于表达自己的见解和善于理解他人的想法,促进学生思维能力的培养,提升学生的语文核心素养;同时,在培养学生的创新意识、提升学生的实践能力、促进学生的个性化发展、增强学生的探索精神和锻炼学生的顽强意志等方面都有很好的促进作用。

(二)有效搭设活动支架,引导解决真实问题

学生是经验缺乏的学习者,他们在完成任务的过程中会遇到各种各样的问题和困难,因此任务情境的设计与实施过程中往往离不开情境支架、任务支架、助读支架等有针对性的学习活动支架的搭设,来辅助和引导他们完成学习任务,解决真实的学习问题。在阅读教学的拓展阶段中,任务情境设计中任务支架、助读支架等的出现对学生理解学习文本和主题有重要意义;在写作教学中,学生可以通过任务情境创设过程中搭设的学习支架,来"模仿"、"体验"和"实践"学习活动支架中所蕴含的写作思维策略与问题解决方法,从而提升写作能力。另外,任务情境把学习任务设计于一种生活的情境中,布置触发学生思考

① 吕新平.阅读教学情境任务的类型及价值[J].中学语文教学参考,2020(8):21-23.
② 陈青柳,叶红珠.情境任务设计之于语文教学核心价值追求的意义:基于2019年浙江省高中语文教学评审与观摩活动部分课例的分析[J].教学月刊(中学版),2020(Z3):86-91.

的真实任务,让学生在解决问题、完成学习任务的过程中理解知识、运用知识,并将知识转化为技能。任务情境的设计更趋向于生活的本身,更能体现生活的真实,因此也更有利于引导学生形成解决真实问题的能力。

(三)暗示学习目标内容,落实学科核心素养

任务情境的内涵决定了它首先是基于目标的一种情境设计,这里的目标既包括学科核心素养目标、语文课程标准目标等大目标,也指向我们在学习阶段之初所制定的课堂学习目标和阶段目标等。课堂教学的起点和终点都指向我们的学习目标,无论我们的教学如何开展,任务情境设计都始终瞄准学习目标的达成,因此,任务情境的创设能够充分暗示该堂课或该学习阶段的学习目标内容,帮助学生在解决任务的过程中逐渐向学习目标的达成靠近。"语文学科核心素养是学生在积极的语言实践活动中积累与构建起来,并在真实的语言运用情境中表现出来的语言能力及其品质。"[①]任务情境的设置能够帮助学生实现在"有目的"的情境中学习语文,在"有任务"的情境中运用语言,在言语经验发展的过程中落实语文学科核心素养。

在特定的任务情境中学生开始积极主动地学习,结合自己已有的认知水平和个人经验,通过将阅读与鉴赏、表达与交流、梳理与探究等教学活动有机结合,促进思维的提升与情感的参与。任务情境的设计,让语文回归言语实践,明确语文课程内容,让学生在真实的语言环境下学习语文,突出了学生的个性特点以及自主合作、探究性学习方式,凸显了学生的主体地位,促进学生思维与情感的深度参与。

三、任务情境的主要特点

新课标提出了"学习任务群"和"专题教学"两大新概念,这是贯穿于新教材的全新理念,改变了传统的语文教学模式和教学内容。围绕某一个专题教学目标而创设一种真实情境,激发学生完成任务的兴趣和欲望,在这个任务的驱动下通过语文学习活动来完成任务,这逐渐成为当前语文专题教学的基本范式。为有效落实关于学习任务群的专题教学,任务情境的创设有着至关重要的作用,从某种意义上说,任务情境创设的效果决定着整个语文专题学习的学习效果。根据现有学者的研究,笔者认为任务情境具有以下特点:

---

① 中华人民共和国教育部.普通高中语文课程标准:2017 年版[M].北京:人民教育出版社,2018:4.

（一）"任务"与"情境"紧密联系

任务情境是将"真实情境"和"任务驱动"这两个要素合二为一，其中"情境"和"任务"是不可分开的，"任务"中有"情境"，"情境"中有"任务"，二者是一体二面的关系。任务情境就是围绕任务创设一定的情境，又在情境中完成相关任务。任务是告诉大家要做什么，而情境是任务产生的背景和条件，是大家做的原因和意义。换句话说，任务旨在提高学生在真实世界中解决问题的能力，而情境则旨在增强学生面对真实世界时发现问题的意识。从这个意义上看，情境规定了任务的目的性，任务的完成回应了情境的具体要求。由此可知，专题教学的任务情境创设中如果只注重任务的设计而忽视情境的创设，任务的有效性和真实性则得不到保障。

（二）指向学生的学习活动

"任务"是在"情境"下产生的，但脱离"情境"也可产生"任务"，这时的"任务"容易转变成传统教学中的"问题"。任务情境的创设和"问题的提出"显然是不同的，"问题"指向答案，以知识为中心；而"任务情境"则指向活动，以学生为中心。传统的语文教学以传授知识为目的，在师生一问一答的"问答式"教学方式中进行，教师通过提问将固定和明确的知识内容传授给学生，并始终让学生对文本的理解与教师的预设保持一致性。任务情境的创设，目的不再只是为了传授知识和讲授教学内容，而是指向学生的语文学习活动，让学生通过对文本的阅读与鉴赏、表达与交流、梳理与探究等活动，运用所学知识去解决具体情境中的问题，从而提升学生的语文核心素养。

（三）贴近学生的生活实际

新课标特别强调"真实、富有意义的语文实践活动情境是学生语文学科核心素养形成、发展和表现的载体"，这就要求任务情境应具有"真实性"和"意义性"。"真实性"指任务情境创设是真实呈现的，而非看似真实但实则虚假的虚拟情境。首先，任务情境所创设的情境应贴近学生的生活实际，是学生日常生活中或将来的学习工作生活中很可能遇到的问题，与学生的日常表现有关联。其次，情境创设接近学生的"最近发展区"，是基于学生已有的经验并超越学生已有的经验。最后，情境创设符合学生的情感需求，并紧扣教学重点，与学科特点相符合，能够有效激发和唤醒学生学习文本的兴趣和动机。"意义性"则体现了情境创设一定要融合任务或问题,并且问题和任务设计追求新颖生动的同时还必须有针对性,适合学生实际水平,这样才能够起到激发学生思考和学习的欲望。

四、任务情境的创设策略

(一)依据学情和目标,选择合宜的教学内容

"专题学习针对学生生命成长和学业表现中遇到的、能通过阅读和写作予以解决的真实问题,选择文学经典中那些适合高中生阅读水平与认知能力的作品进行有目的、有组织、有设计、有思考、有表达的专门研读和探究,得出符合常识、情理和逻辑的探究结论。最后,学生再把探究过程、探究方法和探究结论写成具有一定规范性、专业性、学术性、综合性的探究小论文或文学作品。"[1]专题学习,首先要进行定向,即完成专题学习后,依据学生"阅读行为由浅表阅读到深层阅读的深化",可以分为"阅读者"、"思考者"和"思想者"三个定向层次。[2]例如在《小宝典,大秘籍——探究古典诗歌的"用典"艺术》诗歌专题教学中,教师把该课定位为"成为一个阅读者和思考者",将阅读与写作相融合,旨在让学生通过阅读系列古典诗歌及相关文学作品,积累文学经验,培养文学兴趣,体会诗歌用典的益处及诗人借助典故抒发的复杂情感。学生掌握阅读方法,拓宽思维能力,提升创作水平,学习文学短评的写作,合作完成《典故宝典》学习手册的编撰。有了明确的专题学习目标后,要想围绕目标从众多的相关知识中选出精要的知识作为合宜的教学内容,还需要关注学情。本课例的教学对象是高二年级普通班的学生。据访谈和调查,该班级学生整体上对古典诗歌学习兴趣较低,平时对语文学习的主动性较弱,学生在写作中缺乏角色意识和创作动力,仍停留在应试阶段,存在大量套话和假话。从学情角度考虑,为提升学生的阅读质量和思考质量,最终在课堂上选准一个合适的切入点,引领学生一步一步通过阅读,引发思考,激发写作。

(二)创设任务情境,促进知识转换为学习经验

对于高中语文专题教学来说,任务情境的创设对学生的学习来说十分重

---

① 张秋玲.移动互联网生态环境中的语文专题学习[J].中小学数字化教学,2017(2):4-7.

② 王荣生.语文课程与教学内容[M].北京:教育科学出版社,2015:245.

要,尤其是诗歌专题教学,学生对古代诗歌及相关文学材料有较大的距离感和隔膜感,学生无法直接通过语言文字进入到作品的情境去体会、理解和感悟作品中的情理,因此切实需要教师选择和创设一个学生较为感兴趣且相对比较熟悉又与专题学习内容和目标相契合的学习情境,来调动学生已有的生活经验和基础知识,缩短学生与文学作品之间的距离,让学生在真实可感的情境中进行诗歌专题学习。将语文知识放在特定真实的情境中,能够帮助学生实现知识的内化和运用,并完成与专题学习相关的阅读与写作任务,让学生学会发现问题并主动解决问题。

在《小宝典,大秘籍——探究古典诗歌的"用典"艺术》专题教学课例中,教师以"学校智囊团组织同学编撰《典故宝典》学习手册"作为本专题的学习情境,期待学生在此情境下养成正确的阅读取向。阅读曹操、苏轼、辛弃疾等诗人的经典诗歌作品,并通过对比阅读、拓展阅读相关材料,在自我质疑、辨析中,与同学讨论交流对诗歌中典故的理解以及诗歌用典的妙处,最终激发学生学习理解曹操、苏轼、辛弃疾等诗人的人文情怀。在此情境的统领下,教师又设计了"给'用典'下定义""找典故、理出处、明用意""明确诗歌典故运用是否恰当的评价标准""撰写文学短评"四个学习任务,四个任务环环相扣,逻辑关系清晰:通过查询工具书了解"典故"的定义后,找到共通点对"用典"下定义,清楚认识什么是"用典";通过阅读分析课内经典诗歌作品中的典故,理清其出处即典故背后的故事,探究诗歌用典的意义;通过阅读名家文章,形成评价诗歌用典是否恰当的标准,明确诗歌该如何适当用典;通过阅读和写作实践,以读促写,从典故运用的角度撰写文学短评,深入探究诗歌用典的艺术。真实情境中的任务学习,增强了学生的角色意识和问题意识,强化了与学生日常生活的联系,促使学生在真实情境中体验与学习。在此情境中,学生不仅是一个学习者还是一个创作者,学生在此诗歌专题学习的任务情境中被赋予新的角色——一名编辑,作为一名编辑,要想制作好一本优秀的诗歌典故学习手册,则需要不断完成一个个学习任务,学习和掌握相关知识并将知识转换为学习经验,从而提升语文核心素养。

(三)优化任务情境,聚焦言语思维能力的提升

学习任务群教学中任务情境的设计,强调以学生为中心。随着网络数字时代的高速发展,当前高中生处在一个信息包罗万象、知识随手可得的新时代,学生在学习过程中主体地位的确立显然十分重要。高中语文教学目标强调培养学生的语文核心素养,这就要求由学生自己来进行语文学习活动。学生在阅读材料和积累知识的过程中,也积累了语言经验,拓宽了言语思维。以学生为中心,聚焦学生言语思维能力提升的言语实践活动,不只是某个学习环节的单一的方式方法,而是整个专题教学中必须遵循的首要原则,需贯穿语文专题学习始终。

学习任务群教学往往具有阅读材料丰富、以读促写、读写结合的特点,但当今学生在长期相对固化传统的语文课堂教学模式影响下,学习兴趣低下,课堂氛围沉闷,学习思维受到束缚,特别是在写作中出现了很多思维僵化、结构单一的"套作",习作内容空洞、观点肤浅、感情苍白,这些都是由于学生思维能力薄弱,逻辑能力和概括能力缺乏。因此,要想改变学生目前诗歌专题学习现状,必须重视和提高学生的思维能力。在诗歌专题教学中创设合理的任务情境可以帮助学生在学习中树立角色意识,而在使用任务情境时,同样也要注重教学过程中不同的学习任务与阅读教学材料和其他学习任务的整体搭配和衔接,优化任务情境,将其效益尽可能达到最大化。这样,学生的阅读质量和思考质量才会得到提高,学生的思维能力也才能得到提升。

随着新课改的推进,高中诗歌专题学习越来越受到人们的关注,它改变了传统诗歌教学模式和教学内容,是将高中语文学习任务群落实于教学实践的有效途径。如何有效开展语文专题学习,已经成为当今语文教育领域重点关注和迫切需要解决的问题,许多学者和教师在理论和实践层面进行了有益的探索。笔者认为,将"情境"与"任务"结合起来,围绕某一个诗歌专题学习的教学目标创设一种真实情境,在情境中设计任务,激发学生完成任务和解决问题的动机与欲望,并在任务的驱动下通过语文学习活动来完成任务,这对语文诗歌专题学习效果的提升有着显著的作用。从某种意义上说,任务情境创设的效果对整个诗歌专题教学的学习效果有着至关重要的影响。

第三节　学习任务群学习支架的设计

通俗地讲,学习支架指的是为学生学习提供帮助和支持的有效材料,它可以帮助学生明确学习目标,明确任务并对任务进行分解,为学习提供参考方法、途径、指示方向,提供工具、范例和实物。① 学习支架类型众多且呈现形式多样,如情景支架、策略支架、程序支架、问题支架、资源支架、概念支架等都是较为常见的。学习支架的设计和使用能够对学生知识储备做好调节,对学生学习过程做好引导,增强学生自主学习能力并合理降低课程学习难度。它最终要应用到实际课堂教学中才能发挥出其有效性。而学习支架的搭建首先要符合教学特征,要适应学生的认知发展规律。此外,它还受教学目标、教学内容的制约。因此,在设计学习支架时,要从以下几个因素分析,使学习支架发挥其有效作用。

一、学习支架的设计首先要符合教材特征

《普通高中教科书·语文》依据人文主题和学习任务群双线组织单元,以课程标准规定的学习任务群为一条线索,具体落实语文工具性的要求。"语文学习任务群"以任务为导向,以学习项目为载体,整合学习情境、学习内容、学习方法和学习资源,以自主、合作、探究性学习为主要学习方式,着眼于培养学生语言文字运用能力。《普通高中教科书·语文》必修的学习任务群体现高中阶段对每位学生基本、共同的语文素养要求;选修的学习任务群则侧重于延伸、拓展、提高和深化,以满足不同学生个体的发展需求。学习支架的设计要符合教材的这种特征。

二、学习支架的设计要适应学生认知发展规律

掌握学生的认知发展规律是有效学习支架设计的基础,学生认知发展规律具体体现在学生的生活经验和学习经验上。

三、学习支架的设计整体指向教学目标

就教学过程来看,教学目标既是学习的起点又是学习的终点,以教学目标为导向,支配教学全过程。教学目标的达成需要学生跨越学习过程中已有经验

---

① 曾鸣.为学生自主学习语文提供支架[J].语文教学与研究,2005(7):5-6.

无法到达的知识或技能领域,这就需要学习支架给予一个或多个支点,在学生已有经验和需要经验中搭建一个"桥梁",最终顺利达到教学目标,促进下一个教学目标的展开。《普通高中教科书·语文》学习目标更多关注学习任务群的要求,主要是语文素养当中的工具性的教学目标与要求。语文必修上册第一单元属于"文学阅读与写作"学习任务群。新课标指出,本任务群旨在引导学生阅读不同体裁的优秀文学作品,使学生在感受形象、品味语言、体验情感的过程中提升文学欣赏能力,并尝试文学写作,撰写文学评论,借以提高审美鉴赏能力和表达交流能力。第四单元属于"当代文化参与"学习任务群,本任务群旨在引导学生关注和参与当代文化生活,学习剖析、评价文化现象,积极参与中国特色社会主义先进文化的传播和交流,增强文化自信。

四、学习支架的设计要与教学内容匹配

语文教学的问题关键是"教学内容"的问题,而"语文教学内容"的问题,突出地表现为这篇课文"教什么"的问题。学习支架作为一种学习工具,往往以文字、图表、问题、视频等多种形式嵌入语文知识和百科知识,通过教学方法和教学活动具体展开,指向教学内容的学习需要。

《普通高中教科书·语文》的基本栏目包括:单元导读、课文及注释、学习提示、单元学习任务(选择性必修称为"单元研习任务")。因此,课例评议需要根据单元栏目设置及主要特点来开展。

【案例 5－2】
从形象入手,开启文学的审美空间
——高中语文教材必修上册第一单元的设计与实施

《普通高中教科书·语文》必修上册第一单元属于"文学阅读与写作"学习任务群。课标指出本任务群旨在引导学生阅读不同体裁的优秀文学作品,使学生在感受形象、品味语言、体验情感的过程中提升文学欣赏能力,并尝试文学写作,撰写文学评论,借以提高审美鉴赏能力和表达交流能力。本单元作为该任务群的第一个单元,以"青春激扬"为人文主题,从"形象与意象"这个大概念入手,围绕诗歌、小说的阅读鉴赏展开设计。第一单元选编了词一首、诗四首以及当代短篇小说两篇,分别是一首词——毛泽东的《沁园春·长沙》;四首诗歌——郭沫若的《立在地球边上放号》、闻一多的《红烛》、昌耀的《峨日朵雪峰之侧》、雪莱的《致云雀》;两篇短篇小说——茹志鹃的《百合花》和铁凝的《哦,香雪》。不同体式作品围绕相同主题构成一个单元,组合单元任务群。学生有一定的诗歌和小说阅读经验,但缺少对文学形象的深入体验和理解,鉴赏能力较差,缺少写作诗歌经验;同时,本单元作品选自与学生距离甚远的年代和复杂的社会环境,学生理解起来有一定的困难。

本课例首先进行单元教学设计,分析教材与学情,筛选语文"大概念";围绕大概念确定单元总体学习目标;预估学习结果,确定表现形式评价任务,最后创设学习情景,设计学习活动:将本单元分为单元引读课、单元突破课、群文阅读课和写作与交流课四类课型。每一课型以任务情境支架为主,辅之其他支架嵌入各个学习活动中,以达到本单元学习任务群的教学目标。

1. 课例中学习支架的定量分析

为向学生提供有效的学习支持,每一个学习活动设计了不同的学习支架帮助学生达到本单元学习目标。整个课例学习支架的设计和使用较为丰富。就支架的类型而言,共有"任务支架""情境支架""策略支架""程序支架""资源支架"等五大类,它们以任务单、问题、概念、范例、图表、提示、解释为表现形式。整个课例共 26 次创设任务情境支架,其中以"情境支架"为首,以"任务支架"为主,分布于每一个学习活动中。

其次是"程序支架",在任务支架中以学习步骤的形式体现,引导学生一步步展开学习;"资源支架""范例支架"的设计和使用也较为频繁,共 7 处使用资源支架,共 5 处使用范例支架。"策略支架"则以建议、图表、提示等形式体现于各个学习活动中。由此可见,在该课例中学习支架的设计多指向于程序性知识的学习。课例中学习支架分别分布在不同的教学环节和教学活动中,每一种学习支架都发挥着不同程度的作用。

2. 课例中学习支架的定性分析

常见的单篇阅读教学注重基础性阅读,写作教学注重基础性读写,其学习支架的设计往往以读懂会写为基本目的,是指向知识性、结论性的;而"学习任务群"中的学习支架的设计要符合学习任务群课程特征,以引发学生思考以及问题的产生为中心,具有整体性、多元性的特征,是指向思辨性、过程性的。该课例中学习支架的设计和使用整体符合学习任务群的课程特征。单元整体教学设计阶段,设计了一个任务支架,分为总任务和 4 个子任务,形成一个任务链,一一回应单元目标。这样的支架设计做到了整体指向教学目标,没有脱离课文。单元引读课创设单元学习情境支架,用散文式的语言将本单元课文串联起来,帮助学生快速理解本单元人文主题;接着连续三个学习活动,分别设计一个任务支架,辅之资源支架、范例支架和图表支架,帮助学生初步体验情感,初步尝试写作。但学习活动的顺序是否应该调换一下有待商榷,学生的认知应该由浅到深,由读到写再到读写结合,因此建议活动二放在第一,学习活动三放在第二,学习活动一放在最后。单元突破课包含《沁园春·长沙》《百合花》的单篇精读课,设计了四个任务支架,每一任务辅以程序支架,给学生的学习活动提供向导,指导学生往哪里走。学习活动一中,为使学生深入感知阅读感受,还设计了两个资源支架:唐国强的朗读视频和连中国的《一曲唱在秋天的劲歌》节选文章,使得学生在反复的读写中感悟文章;学习活动二旨在让学生学会运用意象来表达情感。设计范例支架给学生提供样式,帮助学生理解课文。这个例句作为范例支架为学生鉴赏词句提供了方法帮助,但它是从炼字炼句的角度来切入,学生按照这样的范例来鉴赏,就会让意象鉴赏走空,与教学目标相悖。因此,建议提供的范例应从教学点的角度切入,即从"意象"的角度切入。最后,学习活动四要求学生制作一个"诵读脚本",该任务的难度较大,以学生的经验可能难以完成。

《百合花》精读课设计了三个任务支架,以任务单的形式帮助学生梳理相关情节,概括人物特征,聚焦于小说人物形象的塑造;任务二中辅之概念支架、范例支架指导学生把握细节描写;任务三旨向理解小说主题,设计了问题支架、资源支架。《百合花》《哦,香雪》群文阅读课创设情境支架,并设计五个任务支架,将两篇小说进行对比阅读,在学生困难处给予提示、资源支架的支撑,通过图表的形式帮助学生理解小说背景和人物性格的区别,更好分析小说典型物象及其象征意义和作用。诗歌四首群文阅读课设计五个任务支架,以图表的形式帮助理清诗脉、体会语言,以任务单的形式理解词语的特点,感受诗歌语言的魅力;最后提供资源支架——顾城《出海》,帮助学生深入体会夸张背后的情感。写作与交流课中作者创设了两个情境支架和五个任务支架,以任务单、图表的形式教会学生运用意象进行诗歌创作。

【案例 5 – 3】

访谈与记录:描写美丽家乡,推介赣南文化
——高中语文教材必修上册第四单元的设计与实施

《普通高中教科书·语文》必修上册第四单元属于"当代文化参与"学习任务群。课标指出:"本任务群旨在引导学生关注和参与当代文化生活,学习剖析、评价文化现象,积极参与中国特色社会主义先进文化的传播和交流,增强文化自信。"该任务群意在引导学生通过调查、访谈等方式了解当代文化并参与到当代文化建设中。本单元将文化现象的探讨聚焦在语言文字的运用上,设计了三个学习活动:"记录家乡的人和物"、"家乡文化生活现状调查"和"参与家乡文化建设"。三个活动设计各有侧重:第一个活动侧重通过调查、访谈、记录,引导学生深入了解家乡的人物、历史和习俗等;第二个活动侧重通过访谈和调查,了解家乡文化生活现象,辩证思考文化发展与个人、社会的关系;第三个活动在第二个活动的基础上,提出丰富家乡文化生活的建议,活动二和活动三是语文学习向课外的延伸。在这一学习活动过程中,提高学生在具体情境下的语言文字运用能力,提升学生的语文素养,培养其热爱家乡、热爱祖国的感情。本单元具有实践性的特点,学生先前的学习中有调查和访谈的相关经验,对单元任务并不陌生,但对于开展活动所需要的调查、访谈和文化观察知识是比较欠缺的。生活经验上,学生生于家乡、长于家乡,对于家乡的人和物、家乡文化并不陌生。家乡的文化资源是丰富多彩的,但学生往往不能深入思考、剖析、评论文化现象。因此,核心任务的设计和活动开展支架的设计尤为重要。

本课例围绕该学习任务群筛选出单元大概念:学会通过访谈法参与建设家乡文化生活。教学目标定为学会用访谈的方式了解家乡文化;学会用风物志的方式记录家乡文化。本课例包含单元起始课、活动指导课、表达交流课和成果展示课。课程设计基于真实情境的学习任务,辅之以其他形式的学习支架,指导学生完成每一阶段的学习目标。课例中学习支架类型不多,表现形式以图表、资源和范例为主。对于本课例学习支架的设计和使用如下表所示:

课型	支架类型	支架数量	支架分布	支架作用
单元起始课	任务支架	3	每一个活动	驱动活动开展
	情境支架	2	活动一、活动二	创设学习意境
	程序支架	3	每一个活动	学习向导
	问题支架	1	活动一	引出话题
活动指导课	任务支架	4	每一个活动	驱动活动开展
	情境支架	2	活动一、活动二	创设学习情境
	程序支架	4	每一个活动	学习向导
	资源支架	6	活动一步骤1、2、4	提供依据
	范例支架	5	活动二步骤1、4	提供样式
	策略支架	9	每一个活动	图表更加直观
表达交流课	概念支架	1	活动一	解释文体"志"
	任务支架	2	每一个活动	驱动活动开展
	情境支架	2	每一个活动	创设学习情境
	范例支架	3	活动一步骤1	提供样式
	策略支架	2	每一个活动	提供方法
	程序支架	2	每一个活动	学习向导
成果展示课	任务支架	3	每一个活动	驱动活动开展
	情境支架	2	活动一	创设学习情境
	程序支架	2	活动一、活动二	学习向导

　　由上表可知,本课例学习支架的设计以任务支架、情境支架、范例支架、策略支架、程序支架五类为主,任务支架、情境支架和程序支架几乎分布在每个学习活动中,使用频率几乎达到百分之百;范例支架以例文、样式和示例的形式分布在活动步骤中,给学生提供学习参考;策略支架多以图表的形式分布在各个学习活动中,使得学习者较为直观地接受学习任务。除此之外,资源支架、概念支架也在其中起到很大的作用。资源支架跨越课本和多媒体,以文本、视频和提示的形式给学习活动提供及时而有效的学习资料,帮助学生更好地掌握调查、访谈的知识和技巧。

【案例 5 – 4】

还原经典内涵,感受思想魅力

——高中语文教材选择性必修上册第二单元的设计与实施

《普通高中教科书·语文》选择性必修上册第二单元属于"中华传统文化经典研习"任务群。新课标指出:"本任务群旨在引导学生通过阅读中华传统文化经典作品,积累文言阅读经验,培养民族审美趣味,增进对中华优秀传统文化的理解,提升对中华民族文化的认同感、自豪感,增强文化自信,更好地继承和弘扬中华优秀传统文化。"本单元共安排了三课,分别选编了儒家的《论语》十二章、《大学》一章、《孟子》一章三篇论说,道家的《老子》四章、《庄子》一章两篇短文以及墨家《墨子》的《兼爱》。三课分别体现了儒家、道家和墨家对时代的洞察,对社会人生的思考,在先秦诸子中具有比较经典的代表性。学习本单元,不仅要落实文言文基础知识的学习,还要落实传统文化的学习以及思辨性阅读和表达,培养学生辩证思考的思维,能够完成一篇或者几篇思辨性议论文的写作,最终落实传统文化的学习,深入理解孔孟、老庄和墨子的思想,理解中华文明的价值和意义。学生进入高二前,已经广泛接触过先秦诸子,但对其学习通常侧重于文言文阅读上,或思想家的了解上,课文内容较为浅显,对先秦诸子的思想和言说方式没有提出深入学习的要求。选择性必修是在必修课基础上的拓展、延伸,对学生的学习要求更高。因此,在学习过程中,教师需要科学设计学习支架来帮助学生达到学习目标。

本课例根据单元内容分为了单元引读课、单元推进课、单元突破课、群文阅读课、写作交流课和单元梳理课。本单元篇目和内容较为陌生,且文章思想有些艰深,不易理解;作者的思维方式和言说方式不易把握。因此,本单元教学存在一定的难度,学生学习和理解起来有较大困难。基于这一教学情况,本课例主要设计了任务支架和策略支架,帮助学生跨越"困难区",按照了解背景—概括文章—梳理文言现象—单篇精读—核心概念的理解—思辨性写作—单元梳理的思路,围绕任务支架,辅之以资源支架、向导支架、范例支架和策略支架。策略支架几乎分布于每个情境任务中,它们以图表、提示、建议、向导、评价的形式呈现在各个学习活动中。

练 习 题

1. 学习任务群的内涵是什么?

2. 大概念的内涵是什么?

3. 选择一个单元,试着提取这个单元的大概念,并写出设计依据。

第六章 整本书阅读设计技能

整本书阅读,指的是学生在教师指导下读整本的书。最是书香能致远,腹有诗书气自华。作为中小学语文学习任务群中的一个重要类型,整本书阅读对于培养阅读能力、丰富精神世界具有重要意义。教师可以通过设计合宜的整本书教学课型和学习支架,帮助学生建构阅读整本书的经验,提升人生境界。

第一节 整本书阅读的教学价值

一、整本书阅读的提出

学术界对于整本书教学的研究很早就开始了。1931 年,夏丏尊先生提出"整册书的阅读"的概念。1941 年,叶圣陶先生在《论中学国文课程的改订》中进一步指出:"把整本的书作主体,把单篇短章作辅佐。"如今,整本书教学得到语文教育界的重视。2017 年版课程标准对整本书阅读所做出的基本要求是强调整体性,即学生在指定的区域内选择阅读一部长篇小说。然后通读全书,从宏观上把握其思想内容与艺术特点,同时,不管是义务教育语文课程标准还是普通高中语文课程标准都对整本书教学提出了更具体的要求以及整本书教学的目标。比如《普通高中语文课程标准(2017 年版 2020 修订)》有关"整本书阅读与研讨"的学习目标与内容提到,学生"在指定范围内选择阅读一部长篇小说。通读全书,整体把握其思想内容和艺术特点。……在指定范围内选择阅读一部学术著作。通读全书,勾画圈点,争取读懂;梳理全书大纲小目及其关联,做出全书内容提要;把握书中的重要观点和作品的价值取向"①。

整本书阅读是目前语文教学的一大热点问题,对于整本书阅读的概念以及教学设计,学术界还处于不断研究和改进的阶段。值得一提的是,整本书阅读

---

① 中华人民共和国教育部.普通高中语文课程标准:2017 年版 2022 年修订[M].北京:人民教育出版社,2020:11 – 12.

的教学越来越接近成熟,各种理论成果和实践成果也逐渐获得了学术界的认可并且在慢慢推广,这样的结果也正是因为整本书教学的价值获得了学术界的重视。

二、整本书阅读的价值

《义务教育语文课程标准(2022 年版)》对整本书教学提出了比《义务教育语文课程标准(2011 年版)》更明确的要求:"每学年阅读两三部名著,探索个性化的阅读方法,分享阅读感受,开展专题探究,建构整本书的阅读经验。感受经典名著的艺术魅力,丰富自己的精神世界。"①《普通高中语文课程标准(2017 年版 2020 年修订)》也把整本书阅读与研讨设立为一个单独的学习任务群,对整本书教学提出了相应的要求。由此可见,不管是在义务教育阶段还是高中教育阶段,整本书教学都是很受重视的。一般来说,整本书阅读的价值分为两个层面,第一个层面是作品自身的文本价值,第二个层面是整本书阅读对学生语文学习的价值。

(一)文本价值

中小学教育阶段的整本书阅读,教学内容大都以经典名著为主,经典名著倘若不作为教学内容,其自身也具有丰富的文本价值,通常包含文学价值、思想价值、教育价值等几个方面。

1. 文学价值

一部优秀的文学作品都具有极高的文学造诣,经典名著之所以称为经典,也有一部分原因是其具有跨越时代的文学价值,经典名著自身蕴含的文学价值和整本书蕴含的美需要读者去品味,去欣赏。整本书阅读的过程是审美体验的过程,这个过程主要是在感受和品味语言时,分析蕴含其中的情与思,感悟语言风格的魅力,并欣赏语言所表现的形象美和情感美。这有助于培育学生健康的审美情趣和高雅的审美品位。比如阅读《边城》,作品兼具抒情诗和散文的优美笔意,蕴含其中的环境美、民俗美、人情美、人性美交融一体,无不给学生以美的享受与浸染。在阅读鲁迅的《呐喊》时,读者能深刻体会到封建社会"吃人"的本质,看到百姓的无知与愚昧,内心或愤懑或悲哀。读者也可以通过品读经典名著细腻的语言感受其语言之美。比如《红楼梦》语言文学艺术价值极高,语言

---

① 中华人民共和国教育部. 义务教育语文课程标准:2022 年版[M].北京:北京师范大学出版社,2022:15.

流畅有情趣,有诗意和美学的高度,生动形象精练,含蓄委婉,文中有多处隐笔来表达深层意思。文中的诗歌朗朗上口,思想明确,用词恰当,符合人物特征,并展现人物个性,情景交融,用意深刻,回味无穷。同时,经典名著也会对读者的精神世界产生潜移默化的影响。比如《三国演义》刻画了近 200 个人物形象,其中最为成功的有诸葛亮、曹操、关羽、刘备等人。诸葛亮是作者心目中的"贤相"的化身,他具有"鞠躬尽瘁,死而后已"的高风亮节;曹操是一个奸雄,既有雄才大略,又残暴奸诈,是一个政治野心家、阴谋家;关羽"威猛刚毅""义重如山",但他的义气是以个人恩怨为前提的,并非国家民族之大义;刘备被作者塑造成为仁民爱物、礼贤下士、知人善任的仁君典型。《三国演义》这部经典著作所塑造的一系列人物形象在我国家喻户晓,妇孺皆知,深深影响了读者的精神世界。

2. 思想价值

经典名著作为代代相传的人类智慧结晶,是一个民族的思想和精神的源泉,就像是历史文化海洋中的灯塔,提供经验,指引方向,对于当下社会精神养成有着深刻的意义。读者阅读经典名著,可以联系个人经验,深入理解作品;享受读书的愉悦,从作品中去汲取营养,丰富自己的精神世界,逐步形成正确的世界观、人生观和价值观,也能够获得启发以及给予读者思想上的成长。

例如,《红楼梦》这部经典著作就拥有极高的思想价值。首先,《红楼梦》借着对日常生活的描写来表现社会现状和社会矛盾,用意极为深刻。其次,《红楼梦》借着宝黛之间有违封建礼教的爱情故事来批判封建礼教,表达民主思想,体现了敢于打破传统、挑战权威的思想品质。《红楼梦》这种积极进取的思想和精神能够冲击读者的心灵,促使读者深思。总而言之,整本书阅读能够帮助学生培养独立思考的习惯,提升学生的思想境界。

3. 教育价值

经典名著是极具教育价值的。《义务教育语文课程标准(2022 年版)》要求学生每学年阅读两到三本名著,《普通高中语文课程标准(2017 年版 2020 年修订)》也列出了高中生必读的 32 部名著。由此可见,经典名著的教育价值在我国是很受重视的。经典作品是历史长河中大浪淘沙后的精华,学生不仅能从中看到客观存在的社会现象,而且能从中看到浸透着作者主观认识与评价的社会现象、自然现象,以及由这些认识与评价传达出来的社会的、历史的、政治的、哲学的、伦理的、宗教的、美学的种种观念。经典作品能激发学生的阅读欲望,丰富学生的语言实践,促进学生的精神成长。

例如,《钢铁是怎样炼成的》这部经典小说有多重主题,每个主题都对读者有着或多或少的教育意义。其一,小说通过描写苏联从十月革命到经济建设十多年间的种种激烈矛盾和残酷斗争,塑造以保尔·柯察金为核心的英雄群像,来表现一代青年的革命理想:生命的价值和意义在于奉献。其二,小说塑造保尔为了党和人民的事业,敢于战胜任何艰难困苦的刚毅性格,来表现革命者在斗争中百炼成钢的主题。其三,小说通过告诉青年一代,什么是共产主义理想,如何为共产主义理想去努力奋斗,革命战士应当有一个什么样的人生等问题,来向读者诠释共产主义理想这一主题。三重主题都让读者印象深刻,受益匪浅。

(二)教学价值

《普通高中语文课程标准(2017 年版 2020 年修订)》对"整本书阅读与研讨"这一学习任务群提出的目标是:"引导学生通过阅读整本书,拓展阅读视野,建构阅读整本书的经验,形成适合自己的读书方法,提升阅读鉴赏能力,养成良好的阅读习惯,促进学生对中华优秀传统文化、革命文化、社会主义先进文化的深入学习和思考,形成正确的世界观、人生观和价值观。"①可见,整本书阅读在语文教学中扮演着一个非常重要的角色,对学生的教育发展也有着举足轻重的作用。整本书阅读的教学价值主要表现为以下几个方面:

1.感受丰富的文化意蕴

新课标对教师教学整本书提出了要求:"指定阅读的作品,应语言典范,内涵丰富,具有较高的思想水平和文化价值。根据学生的生活实际和发展需要,注意选择反映中华优秀传统文化、革命文化和社会主义先进文化的作品。"②整本书阅读篇目都是经典名著。经典名著是传统文化的精髓,是中华文明的见证,蕴含着丰富的思想内容。整本书阅读可以让学生感受经典名著的文化意蕴,促进学生对优秀文化的理解和传承。同时,中小学生正值人生观、价值观、

---

① 中华人民共和国教育部.普通高中语文课程标准:2017 年版 2022 年修订[M].北京:人民教育出版社,2020:11.

② 中华人民共和国教育部.普通高中语文课程标准:2017 年版 2022 年修订[M].北京:人民教育出版社,2020:12.

世界观形成的关键时期,整本书阅读可以帮助学生构建文化认同感,增强文化自信。

以《水浒传》整本书阅读为例。《水浒传》是中国四大古典名著之一,这部小说以北宋后期宋江起义的历史事件为题材,描写了梁山好汉反抗官府和接受招安的全过程。它第一次正面描绘了历来被视为洪水猛兽的绿林豪杰群像,揭示了中国古代绿林文化的内部意蕴和外部特征。它所描绘的绿林好汉形象和绿林文化习俗在民间具有广泛的社会影响,成为中国文化和中国民族性格的重要组成部分。学生在教师的指导下阅读这部作品,能够了解北宋后期的社会文化特征,并且对作品的文化价值做出合理评判。

2. 推动学生综合能力的发展

苏霍姆林斯基曾经说过:"让学生变聪明的方法,不是补课,不是增加作业量,而是阅读、阅读、再阅读。"整本书阅读可以明显推动学生综合能力的发展。阅读整本书需要用到的阅读方法和常见的单篇课文阅读是不同的。阅读单篇课文的时候,学生可以"一次性"完成信息的提取和整合,但是整本书内容多,信息量大,需要读者一边阅读一边记录,用有效的阅读方式去梳理、分类、整合和概括。正因为整本书阅读有其独特性,学生在阅读过程中需要依据阅读目标去摸索与建构。学生在整本书阅读中需要完成的任务比较繁杂,涉及的能力要素多,各个能力要素在阅读过程中同时发挥作用,整本书阅读也因此成为发展学生综合能力的有效途径。首先,整本书阅读教学有利于增加思维深度。"整本书阅读"的要诀在于"深入"。深入阅读需要学生全身心融入文本,在持续的阅读中进行联想、理解、辨析,从而体悟文本的思想情感、写作风格,等等。正因如此,阅读整本书特别有利于培养学生良好的阅读习惯,锻炼学生的逻辑思维能力。其次,学生也可以将语文课上所学的知识与技能运用于整本书阅读中,起到学以致用、温故知新的效果。最后,在阅读整本书的过程中,学生不但可以通过阅读来充实自我,而且能在阅读过程中获得和丰富人生体验,提高审美能力,还可以与教师、同学分享彼此的阅读感受,增进彼此之间的情感交流。

例如,统编本高中语文教材必修上册的整本书阅读任务是《乡土中国》。《乡土中国》是费孝通所著的社会学著作,阅读难度偏高,而2017年版课标对阅读学术著作的具体要求是:"通读全书,勾画圈点,争取读懂;梳理全书大纲小目及其关联,做出全书内容提要;把握书中的重要观点和作品的价值取向。阅读与本书相关的资料,了解本书的学术思想及学术价值。通过反复阅读和思考,探究本书的语言特点和论述逻辑。"①从以上要求可以看出,学生阅读《乡土中国》是可以培养多种能力的:一是能够了解《乡土中国》的学术价值,进一步认识中国社会特征,增强对中华民族的认同感、归属感;二是能够积累阅读学术著作的经验,养成良好的阅读习惯;三是能够提高语文学科素养和阅读写作等关键能力。

3. 提供一种新的阅读策略

在整本书阅读作为一种阅读策略进入广大教师视野之前,语文教学是以单篇阅读教学为主的。2017 版高中语文课程标准将整本书阅读作为学习任务群提出后,整本书阅读逐渐受到重视,如今已经成为语文课程改革的重要路径。

整本书阅读教学是一种创新性的阅读策略,对阅读教学的影响越来越大。这种阅读策略有别于以前的单篇阅读策略。整本书阅读多采用"学生课外阅读、师生课内讨论交流"的教学流程,教学时间跨度大,课时占用较多;在具体指导中采用"激趣导读""过程推进""交流讨论""拓展延伸"等课型,以任务驱动的方式引导学生阅读和交流。在这个过程中,学生能够进一步整合作品内容、理解作品特征,能够分享阅读经验、展现阅读成果,由此有效发展综合能力,培养核心素养。

第二节　整本书教学课型与过程设计

整本书教学是语文阅读教学的重要组成部分之一,整本书教学课程模型与过程设计是语文教师帮助学生实现深度阅读的关键之所在。近年修订的课程标准十分重视整本书阅读。《义务教育语文课程标准(2022 年版)》指出:"倡导少做题、多读书、好读书、读好书、读整本书,注重阅读引导,培养读书兴趣,提高读书品位。"②课标还提出将"整本书阅读"作为"拓展型学习任务群"落实到学

---

① 中华人民共和国教育部. 普通高中语文课程标准:2017 年版 2022 年修订[M].北京:人民教育出版社,2020:12.

② 中华人民共和国教育部. 义务教育语文课程标准:2022 年版[M].北京:北京师范大学出版社,2022:3.

生的阅读实践活动中,根据不同学段的认知特点制定相应的课程内容,促使教师思考运用哪种课型才能更贴切地进行整本书教学。《普通高中语文课程标准(2017 年版 2020 年修订)》第一个学习任务群就是"整本书阅读与研讨",强调学习本任务群贯穿必修、选修和选择性必修三类课程中,并指出"教师应以自己的阅读经验,平等地参与交流讨论,解答学生的疑惑","教师应善于发现学生阅读整本书的成功经验,及时组织交流与分享"。由此可见,整本书教学要充分发挥教师的指导和点拨作用,课型的定位至关重要。

多年来,许多学者与一线教师对整本书教学课程模型进行了探索,对"整本书全阶段的阅读教学应该分别'用什么样的课型'进行教学""不同课型的侧重点是什么""各类课型在教学过程中'具体可以怎么设计'"这三个关键问题进行了深入思考。

一、整本书阅读课型

课型指的是课的类型或模型,是课堂教学最具操作性的教学结构和程序。现代教学理论认为,教学过程结构是课型分类的主要依据之一,特定课型必然有特定的教学过程结构。确定整本书阅读的教学课型,有助于语文教师更好地掌握整本书教学各类课型的教学目的、教学结构、教学方法等,利用适合的策略设计教学环节,提高整本书阅读过程设计能力。

整本书阅读主要指向学生课外自读,意味着教师在课内的阅读指导要少而精。吴欣歆在《培养真正的阅读者——整本书阅读之理论基础》一书中将整本书阅读指导分成五个阶段:选书—预热—通读—研读—展示。[①] 不少关于"整本书阅读"的教学课型的研究与这五个阶段相适配。

(一)整本书阅读"过程性指导"四种基本课型[②]

胡根林对一线教师整本书阅读课堂教学进行了长期的实践和研究,提出了"过程性指导"四种基本课型。胡根林认为,在整本书阅读指导中,过程性指导尤为重要。阅读本身是一个复杂的意义建构的过程,对于学生而言,阅读的过程是真实具体的;对于教师而言,应从发展学生阅读素养的角度来调控过程教学设计。基于此,胡根林的四种基本课型重点分析了教师对学生阅读过程的指

---

① 吴欣歆.培养真正的阅读者:整本书阅读之理论基础[M].上海:上海教育出版社,2019:102.

② 胡根林.整本书阅读:过程性指导及其课型[J].语文建设,2021(3):13－17.

导策略,为一线教师"什么时候上什么样的指导课"提供了思路。

第一种:引读课,激发学生阅读动力,旨在让学生"读起来"。读者的兴趣和需求,决定他是否能把这本书读下去。在整本书阅读过程中,师生选好书还未读或刚进入读书状态的阶段,此时学生好奇心最浓,教师可以抓住机会,采用引读课帮助学生明确阅读需求,对兴趣不佳的学生,激发阅读兴趣;对兴趣浓厚的学生,提升兴趣水平。

第二种:助读课,助力学生跨越阅读障碍,旨在让学生"读下去"。学生之所以常"半途而废",读不完整本书,是因为两类困难。一是书籍本身带来的困难。七年级上册第一本名著导读《朝花夕拾》副标题为"消除与经典的隔膜",一些经典书籍由于年代久远,所使用的语言与我们日常用语区别较大,学生对书中涉及的文化习俗不了解,使得阅读难度大,学生读着索然无味或者不知所云。二是学生自身的问题,读不懂、不会读、没时间读等原因都有可能使学生阅读行为中止。教师可以在课余搜集学生此阶段的阅读困难,对症下药进行课堂教学指导,帮助学生克服阅读困难。

第三种:研读课,指导学生进行深度阅读,旨在让学生"读进去"。之前的一些"整本书阅读"课例展示,看似"百花齐放",成效显著,实则学生只是快速浏览文本,不仅读得浅还容易误读。"整本书阅读"应该是师生共读的行为,教师应基于学情,转换视角,作为"成熟读者"为学生在深入阅读上指路,帮助学生寻找适合的突破点,在阅读过程中得到思维能力的锻炼、语文核心素养的提升。研读课的理想状态,是能在课堂教学中得到师生共同发展。

第四种:评读课,评价学生的阅读成果,旨在让学生"读出来"。评读课评价学生的阅读成果,同样检验教师的教学效果,指向学生成果展示和教师教学反思,可分为"过程性评价"评读课和"终结性评价"评读课两种小课型。评读课要制定恰当的评价标准,帮助学生判断、反思"这次阅读"是否内化,能否引导"下一次阅读"。

(二)读、思、拓、议"1 + N"整本书阅读教学模型①

整本书阅读教学的过程涉及课型"开发与实施"的过程。王从华近年来致力于探索整本书阅读教学,他认为当前我国中小学整本书教学课程开发基本遵

---

① 王从华.整本书阅读教学模型建构与实践探索[J].江西教育,2019(26):8 – 12.

循"过程—目标"模式,当课程初步开发之后,"达到什么样的目标""怎样达到目标""如何有效组织""怎样确定目标实现"这四方面成为教学课程实施的难点。他建议教师要分析学生年龄特点,立足学情;把握读本主题思想,指明特点;考虑学生阅读能力,引导方法。他构建的读、思、拓、议"1+N"教学模型能"递进式"进行整本书阅读指导,让学生的阅读经验和阅读能力在同类书中得到迁移。

第一种:导读课,完成引导学生"读"的任务。与胡根林的"引读课"相似,导读课能激发学生的阅读兴趣和阅读动力。在此基础上,这种课还需完成学生对读本的初步认识和了解,让学生"有准备"地读,降低阅读难度,为深度阅读做铺垫。

第二种:推进课,完成梳理学生"思"的任务。学生在阅读过程中,会遇到问题或困难,还会有所得。阅读中遇到的困难或障碍,在"助读课"中已进行分析,此处不再赘述。学生会根据个人兴趣爱好或阅读目标与文本进行"碰撞",对内容情感进行思考,对写法特点进行品析,对主题思想进行揣摩,甚至对文本进行质疑探究,这就是所得。推进课兼有"助读"和"研读"的教学行为,目的是将学生阅读过程中的"思考"提取并梳理,培养学生的表达能力,使其初步感受读本的意义和价值。

第三种:交流课,完成帮助学生"议"的任务。交流课兼有"研读"和"展示"作用,活动主体是学生,以课堂上生生、师生面对面公开讨论为主要教学形式,消除文本理解的疑难,分享师生的思想成果(主要是学生的)。教师在安排交流课时要注意检验学生是否已进入"深度阅读",是否更深刻理解阅读读本的意义和价值。

第四种:延展课,完成指导学生"拓"的任务。深化拓展,从"会读一本书"达到"会读一类书"的目的,这就是延展课。教师要有意识地指导学生总结一类书的阅读策略,启发阅读经验的迁移。

王从华在《"整本书阅读"课程开发与实施的路径探析》中指出,"从课程实施的角度而言,整本书阅读课程实施的一般流程是:导读—自读—展示"[①]。王从华强调,无论怎样设计整本书阅读教学模型,都要把学生读书活动作为主要

---

① 王从华,刘云."整本书阅读"课程开发与实施的路径探析[J].小学教学研究,2020(16):7.

形式。

(三)两种课程模型的异同点

上述两种课程模型都把整本书阅读的教学看成一个真实而具体的过程,即使不同课程代表着阅读的不同阶段,要达成的目标也不尽相同,但最终目的都指向学生同类书籍的"下一次阅读"。同时,两种课程模型在课程设置上也有相同之处:都重视阅读引导,在阅读的最初阶段,设置了激发学生阅读兴趣的引导课;都赞同教师应利用课堂进行整本书的研读指导,解决学生读不懂或无法解决的问题,并教给学生恰当的阅读策略,使学生达到深层阅读的目的;都认同教师应用恰当的方式帮助学生展示阅读成果,从中检验学生阅读能力是否得到提升。

当然,以上两种课程模型也有不同之处。胡根林的四种基本课型着眼于教师的主导地位,课型之间的教学目标界定清晰,不同课型对应阅读的不同阶段,课型相对固定,操作起来较为简单,适合各学段中低年级的整本书教学和初次进行整本书教学的老师。王从华的"1 加 N"教学模型注重学生的主体地位,着眼于课程开发中学生所得,重视学生的读书活动,教师的教学课型设置是为提升学生个人阅读能力服务的,教师可依据自己班级的情况,自行设置课时、组合课型、融合或拆分教学目标。这种模型机动性强,但对教师的要求较高,适合各学段中高年级的整本书阅读教学和对整本书教学有一定了解或经验的教师。

二、整本书阅读教学过程设计重点与策略

教学过程指的是师生在共同实现教学任务中的活动状态转换及其时间流程。狭义来看,整本书教学过程指整本书教学中,教师根据学生阅读情况、读本阅读目标选择其恰当的课程类型组织教学过程,在课堂中进行的师生活动环节。不同的课型,教学过程设计的侧重点与策略不同。

(一)"引读课—助读课—研读课—评读课"设计重点

"引读课"侧重于让学生愿意读。教师应充分调动学生的阅读兴趣,明确阅读目的,让学生根据获得的读本信息,做出恰当的阅读决定。比如围绕让学生了解作者经历、写作的时代背景等目的进行活动设计,利用多媒体播放相关影视作品片段,激发兴趣;让学生撰写解说词、介绍语等形式,激发表达欲。

"助读课"侧重于让学生能读懂。如果学生的困难在读本的框架结构上,教师可找准一个切入点,将书中内容归纳、串联,比如阅读《红楼梦》,可以利用"香

菱"这个"金陵十二钗"副册之首的特殊身份,让学生画人际关系思维导图,掌握"以一个典型人物为主线"的阅读名著的方法;如果学生的阅读障碍在读本的理解上,教师可指导学生利用读本里的注释、批注或工具书和有关影像作品,从而帮助学生跨越障碍。

"研读课"侧重于让学生读深入。教师可根据文体特征设计读写实践活动,帮助学生形成不同文类读本的知识系统和经验图式。这个过程中,要强调"重复读"的阅读策略,抓住书中关键部分,并尽可能地提供多种精读材料,如背景资料、多角度评价性文本、鉴赏解读材料、学生的研究习作等。

"评读课"侧重于让学生能展示。教师应设计多种展示评价活动,形式上可以是学生个人的单篇的读写展示,如读后感、读书报告;也可以是阅读后呈现多人的专题表演、主题辩论、手抄报设计等活动;对于程度较佳的学生,还可尝试课题研究。

(二)"导读课—推进课—交流课—延展课"

"导读课"侧重于让学生接受阅读并初步掌握方法。比如简要了解"读书"使用的方法、读本的基本信息或结构、作者经历或创作背景。设计活动时要重视正文以外的内容,如封面或书封可能会出现评价性文字、读本基本信息或与文章主题相适配的插图,目录可以提供阅读线索或故事框架,页内插图呼应文本内容、补全学生在阅读中对文本的联想和想象。这些信息都能帮助学生快速了解自己的阅读需求,做出恰当的阅读决定。阅读非文学类读本,还要重视序跋,从中了解作者写作动机和成书背景。教师还可在导读课上设置制定阅读计划的环节,帮助学生有意识、有目的、有计划地推进阅读。

"推进课"侧重于让学生学会与文本初步对话。这个阶段设计的活动要能提醒学生重视小范围"重读",可以适当引入整本书阅读基本策略,如"内容重构(对书中间隔出现的同一人物、事件、环境在通读后进行回顾梳理,摘取其中关键信息,将相关信息组织成能相对完整地呈现人物形象、事件脉络、环境特点的网络)""捕捉闪回(捕捉作者设置的重复出现的场景、人物、画面、动作、语言等,领悟作者强调这些内容的目的,感受作者的思想情感、写作意图)",教会学生完整而全面地勾勒整本书内容,通过品读关键章节、重复出现的句段等,帮助学生把握重点情节、主要人物、重要写法,初步理解读本主题和阅读价值。

"交流课"侧重于让学生学会真正与文本对话。交流课的氛围要尽量轻松,教师态度以鼓励为主,尽可能发现学生交流展示中的闪光点,设计的交流方式呈现多样化,如朗诵、写作、表演、绘画等,还可适当利用多媒体进行综合实践展示。教学过程可引入"对照阅读(将书中有一定关联的人物、事物进行对比,区分其中细微的差异,从而探究差异的本质,同时可以展现书中人物、事件不同侧面或阶段的特点,形成完整的认识)""经典重读(强调同一本好书经常读、重复读,不同年龄也许会有不同感悟)"等基本策略,在精读、研读的过程中展示读书成果,深入探究读本的思想主旨或反映的社会现象,分享独特的阅读体验。

"延展课"侧重于让学生掌握一类书的阅读策略,走出"这本书",走进"这类书"。教师可引入"对照阅读""跨界阅读(经典名著在不同学科或不同艺术形式中会有不同的呈现,综合对比,体会不同呈现方式中表现方式、内容设置等方面的特点,加深对名著的理解,形成多元评价)"等基本策略,如对照同类文本,理解同类形象的内涵,探究文化背景;对比不同类文本,体会整本书鲜明的语言、写作特点。通过不同学科的跨界阅读,多角度评价读本,综合性理解读本;或通过不同艺术形式的跨界阅读,如纸质阅读到戏剧、电视剧、漫画等,发现表现差异,加深对读本的理解。

整本书教学离不开学生的自读,自读重在养成学生良好的读书习惯,目的是让学生在课堂上安静读书,所以课上自读时教师要尽量少设置教学活动,预留大量时间给学生自行阅读,教师简单点拨学生阅读时遇到的障碍,或提醒学生做好阅读记录即可。

(三)整本书阅读教学案例分析

统编本小学语文五年级上册第四单元课文为爱国篇章,本单元旨在对学生进行爱国主义教育。下面以小学高年级语文阅读自选推荐书目《纸飞机》整本书阅读案例为例,来分析整本书阅读课型及过程设计。

1.读本分析

第三学段的学生要能整本阅读反应革命传统的作品,并联系小学的阅读生活,与同学通过口头或书面途径,分享从书中感受到的家国情怀。笔者将借鉴深圳市南山实验教学集团南头小学邓玉琳老师对《纸飞机》整本书阅读的教学设计。

《纸飞机》是根据"重庆大轰炸"的真实历史背景而虚构的现实主义小说。作者左眩以儿童的视角、童真的语言、轮回式结构,在小说中展现战争的残酷,反衬战争中中国人民的乐观生活态度以及坚强不屈的精神。

2. 课型分析

由于学生大多对抗战时期的历史不了解，老师可选择利用一节"读前导读课"对学生进行读前指导。根据王从华的"1 + N"教学模型，这节课本质是"导读课"，完成引导学生"读"的任务，不仅要激发学生的阅读兴趣和动力，还要帮助学生初步认识和了解读本，督促学生做好阅读计划，让学生"有准备"地读，降低阅读难度，为深度阅读做铺垫。

之后，设置"读后分享课"让学生具体呈现自读后的收获，这节课本质是"交流课"，让学生在研读后进行展示分享，通过课堂活动与老师和其他同学交流、议论阅读后的思想成果，以递进的任务呈现教学目标，完成对读本内容与写法、作品结构特点、主题思想精神的探索，指导学生与读本进行真正的、有深度的对话，从而激发学生爱国之情。

3. 教学过程设计

(1)"读前导读课"：设计三大板块激发学生的阅读兴趣，为学生初次阅读扫清"障碍"。

板块一侧重让学生了解整本书的基本信息。导入环节，教师利用"战争"与"纸飞机"两个看似毫无关联的事物，引出阅读话题。接下来，教师有意识引导学生注意小说的封面、勒口和扉页，帮助学生梳理作者、写作背景等基本信息，启发学生利用"好奇心"猜测故事内容。之后，教师通过书封、封底与目录的比对，启发学生发现整个故事以"歌"为名的巧妙结构，让学生获得最初的成就感，从而激发学生的阅读兴趣。

> 书封：可以获得哪些信息？包括文字、颜色、人物、环境等。
>
> 腰封：看到这本书的腰封，你的眼睛被哪些内容吸引？说说你的想法。
>
> 前勒口：阅读前勒口内容，思考作者为什么用"纸飞机"做题目？在本书中纸飞机代表着什么？
>
> 后勒口：通过后勒口内容的介绍，你了解作者哪些方面？
>
> 扉页：这本书的编辑用中国红做扉页，你猜猜看，这意味着什么？

板块二侧重小说线索的分析。通过封底的"重庆大轰炸大事记"和日军侵华时间表的对比，引导学生从宏观历史到微观事件中体会五年大轰炸下儿童视角的生活，构建真实史实到虚构小说的联系，达到"知人论世"效果。

板块三带领学生制订自己的阅读计划,督促学生有计划完成整本书阅读,学会阅读进度的自我监控,并利用相关影视作品,补充学生对小说背景的理解。

(2)"读后分享课":设计四个板块,达成整本书的深度阅读。

板块一聚焦内容,完成整本书主要内容和与"战争"有关的重要情节梳理。教师要求学生结合目录,自行概括每章节内容,并分享给自己留下深刻印象的直接或间接描写战争的场面,从中理解儿童眼中惨烈而真实的历史,感受重庆人民在持续的战火中饱受煎熬的痛苦。教师再分享当时身在重庆的郭沫若所作的《惨目吟》,强化学生对战争残酷性的理解。

板块二聚焦主题,交流展示战争下重庆人的"吃法"。教师通过书中"重庆小吃"的插图设计、小说第三章《日月歌》等内容,呈现重庆人爱吃就是爱生活的价值观念;再让学生分享书中的细节描写,拼凑出重庆人在战争下的生活面貌,通过第二章《山水歌》的第二部分和父亲的话语,引导学生思考写作目的;阅读相关章节之后,用"重庆大轰炸"视频和《重庆小唱》,一步步将学生带入重庆人"愈炸愈强"的"活法"中,体会重庆人在生离死别的战争时期,依然乐观、向往美好生活的民族特征,发现中国人民在苦难中坚强不屈的精神力量。

板块三聚焦表达,探讨小说写法特点。通过探索目录的"秘密",发现小说"轮回式"结构特色,捕捉"纸飞机"在文中多次出现的内涵,聚焦小说写作特点。此环节目的在于帮助学生利用阅读经验,重点关注目录和书中反复出现的内容,抓住书中特殊之处,深入思考作者的真实用意。

"纸飞机"在书中出现很多次,你能说说纸飞机所代表的意义吗?

序号	出现场景	意义
1	在和平年代(14 页)	
2	在离散日子(63、68 页)	
3	在重组家庭时(168 页)	
4	当和平再次到来(248、292 页)	
5	在日寇疯狂轰炸重庆的时候(182、211、212 页)	
6	在《纸飞机》中	

板块四通过交战国以外的第三方国家政要的评价,帮助学生联系小说内容,理解战争中重庆人民巨大的牺牲和英雄的奉献赢得了国际社会的认可,从

而让学生深化对主题的理解,体会民族自豪感,感受家国情怀,激发爱国之情。

自日本开始进侵中国,迄今已有五载……中国仍屹立不移,足以象征中国不屈不挠的意志和决心之重庆,乃成为全世界各地家喻户晓之一名词。为各自由民族而言,重庆乃联合国家所有振奋精神之象征;为独裁者而言,重庆乃无数民众甘冒危险忍受痛苦不接受侵略之束缚之象征。重庆直可与世界上任何城市比较而无愧色,重庆之应成为世界理想中之一项事物,实足无异。

——英国驻华大使薛穆爵士对英国民众发表广播演说

五年中有四个寒暑,中国实际上是单独抵抗侵略,单凭着它的人力和不可征服的精神,对抗侵略者的军队飞机的进攻。中国没有强有力的海军和空军,可是它却经历了足有五十个敦刻尔克而仍然坚定不移!

——英国首相丘吉尔代表英国政府和人民致电重庆人民

我谨以美国人民的名义,向重庆市赠送这一书卷,以表达我们对英勇的重庆市男女老幼的赞美之情。在空袭的恐怖中,甚至在这种恐怖尚未为全世界所知悉的日子里,重庆市及其人民一直表现出沉着和不可征服的气概。你们的这种表现,自豪地证明了恐怖手段决不能摧折决心为自由战斗的人民的意志。你们对自由事业的忠贞不渝,必将激起未来一代又一代人的勇气。

——美国罗斯福总统内书颂词

第三节　整本书阅读教学支架的设计

"学习支架"(learning scaffold)这一概念最早由外国引入教育领域。"学习支架"中的"支架"一词来源于建筑术语,又称为"脚手架",其在建筑楼房时起过渡作用,楼房建好后,这种支架就需要撤离。后来"学习支架"逐步过渡到教育领域,现在大多成为教育者为学生学习提供帮助和支持的有效材料。它可以帮助学生指明学习目标,明确学习任务并对任务进行分解,为学习提供参考方法、情境、途径、指示方向,提供工具、范例和实物等。① 从理论上来说,专题学习是一种基于教学材料组合且具有研究性质的深度学习。以专题学习的形式践

---

① 曾鸣.为学生自主学习语文提供支架[J].语文教学与研究,2005(7):5-6.

行对整本书阅读的教学指导,不仅是统编本语文教材的教学实施路径,也是新时代下阅读教学发展的必然要求。整本书阅读的专题学习方式不仅丰富整本书阅读本身的教学研究,扩大阅读教学的知识维度,而且整本书阅读与专题的结合能够极大提升学生对长篇著作和群文阅读的鉴赏能力,从而培养学生形成稳定的思辨能力和情感意志,帮助学生掌握多种阅读方法。整本书阅读的专题学习中离不开教学支架的搭设和运用。本小节就以鲁迅的《彷徨》和斯诺的《红星照耀中国》作为实际教学案例参考。

一、整本书阅读专题学习中学习支架的类型

专题是一种模块组合的教学单位,其教学流程可分为确定专题方向、做好专题准备、组织专题实施、开展专题评价。因此,专题学习中学习支架不单纯是单个学习活动的表现,而是多种语文活动混合式的表现。

（一）从教学目标的角度分类

教学目标是一切教学活动的起点和落点,它不但规定了教学活动应达到的最终结果,而且提出达到这一结果的一般教学活动程序。搭建学习支架的最终目的是使教学目标落到实处,保证学生的理解掌握,从而提高教学效率。

1.情境支架

情境支架指的是通过创设与当前学习主题相关的、尽可能真实发生的情境,引发学生情感迁移或共鸣以激发学生的学习兴趣。"专题教学"下的情境是一个近乎真实的语言运用模拟学习场。情境支架可以通过"同化"和"顺应"帮助学生达到对新知识意义的建构,激发学生参与交互式学习的积极性,激活学生的思维,并在交互式过程中完成对问题的理解、知识的应用和意义的建构。情境支架具体表现为导入型情境支架、递进型情境支架、随机型情境支架和强化型情境支架。①

2.资源支架

资源支架指搜集和确定专题学习所需信息资源的种类和每种资源在学习专题过程中所起的作用。专题学习在"专题准备"阶段涉及学习资源的搜集和选取,资源支架的设计对于应从何处获取资源、如何获取以及如何有效利用这些资源等问题有重要的指导意义。

---

① 庄志强.学习支架建构技能训练[M].天津:天津教育出版社,2010:45.

3. 问题支架

问题支架指的是在进行教学目标分析的基础上,把当前所要学习的知识中的基本概念、基本原理、基本方法和基本过程转换为相关问题,以便学习者围绕问题开展一系列的活动。问题支架需要教师根据教学目标和学情精心设计,对学生的回答起反馈引导作用,启发学生思维,提升认知水平。专题学习中问题支架具体表现为基本问题和有层次逻辑的结构化问题。

(二)从教学实施的角度分类

专题学习最终如何落实,具体表现在专题实施阶段,这个板块是专题学习的核心。专题教学实施的过程是读与写的过程,也是从各类丰富材料的收集、聚合到写作的内化、输出,激发学生思维的核心阶段。这一过程的支架搭设研究是本小节重点探讨的内容。

1. 程序支架

程序支架主要为专题写作学习者引导学习道路,是学生围绕既定写作任务展开各种活动的行动指南。[①] 在学生大量阅读材料后进入写的环节中,专题还围绕特定的学习内容设计了针对性的程序支架。程序支架有建议、向导、图表、解释和提示等表现形式,其中向导和图表较为常见。

2. 概念支架

概念支架的主要功能在于帮助学生识别关键概念,或形成明晰的概念组织结构。例如,在美国教材中设计了大量的概念支架来帮助学生理解和掌握一些必要的概念,形成明晰的概念组织结构。理解掌握这些概念知识,可以帮助学生理解写作要求,提高写作水平。概念支架典型类型有范例、图表、插画、解释、提示等表现形式。

3. 策略支架

设计策略支架的目的在于为专题中学习者完成某一任务、解决某一问题提供方法和途径。专题学习中学生在品读鉴赏活动中形成阅读品味后要转化为有思想的言语表达能力,两者是相互转化的。写作能力是高中生言语表现和言语创造的核心呈现方式。策略支架的表现形式包括向导、建议、解释、图表、提示等。

---

① 周子房. 写作学习支架的设计[J]. 语文教学通讯,2015(Z3):10 – 15,23.

4.元认知支架

元认知支架的功能在于支持个体管理自己的思维和学习过程,或引导学习者进行反思。元认知支架的表现形式以问题提示为主,也可以是建议。当设问语句改成陈述语句时,"问题提示"形式的支架就成为"建议"形式的支架。与"建议"支架的直接表现方式相比,"问题提示"支架更具启发性。

二、整本书阅读专题学习中学习支架的实施过程

专题学习中教学流程是由多个教学环节组成的沟通学生教学起点和终点的教学过程,其内涵讲究的就是环节和环节之间的衔接,而在教学环节中集中体现为组织"学的活动"。合理的教学流程在设计教学环节时,往往会着重考虑学生"怎样学"才好。开展整本书阅读的专题教学流程一般分为确定专题方向、做好专题准备、组织专题实施、开展专题评价四个方面。① 但专题学习有一系列的目标,每个课段有若干个目标,这些目标又以学习任务的形式构成若干个课段,最终又指向总目标。而专题学习的关键最终还是落到"学什么""怎么学",即对老师而言就是教学内容和教学方法的问题上。但学生已有的活动与达成的目标之间存在不同程度的落差,学习支架是能帮助学生缩小、填补甚至消除落差的有效工具。它是学习的知识、活动,目的是让学生在活动中运用知识达成学习目标。学习支架存在于每一课段中,它以各种形式嵌入与专题学习相关的知识和活动,以教学方法和教学活动具体展开,指向每一课段教学内容的学

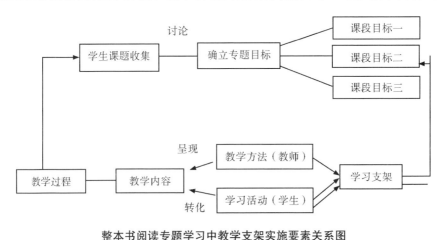

整本书阅读专题学习中教学支架实施要素关系图

---

① 张秋玲.新版课程标准解析与教学指导:高中语文[M].北京:北京师范大学出版社,2019:3.

习需要,最终又指向专题学习三维目标的达成。教师在专题教学过程中扮演着重要的"支架提供者"的角色,围绕学生的学习需求和教学要素指导着专题学习的始终。学生作为"支架受用者",将学习支架以"学的活动"的形式呈现在专题学习各个课段的各个环节,直接或间接地指向教学内容范围,最终与教学方法、学习活动相互配合完成相应的学习任务,达到专题学习的三维目标。

三、整本书专题学习的教学支架设计与分析

【案例 6 - 1:《彷徨》】

(一)专题教学目标的确立

专题的学习目标对整本书的阅读起着一个非常重要的导向作用,它需要依据国家课程标准、学生实际阅读情况和教材编选等多方面设置。基于以上原则,本专题以《彷徨》中"启蒙知识分子的困境"为研究主题,旨在引导学生对鲁迅笔下知识分子群体形象的鉴赏,领悟鲁迅启蒙思想的艰难,努力做一个精神自由、思维独立的思考者。

(二)专题教学内容的选择

"教学内容,通常是指在一个科目、一个单元或一节课、一个具体教学活动中,作为师生教学对象的具体知识、主题、事实、观念和原理等。"[1]在《彷徨》整本书的阅读中师生已经通过问卷的方式确立了"启蒙知识分子的困境"作为同题共研的专题研究对象。结合具体的学情,笔者将把这个专题分为五个课段进行教学实践,每个课段的具体教学内容选择如下表所示:

《彷徨》整本书阅读课段教学内容选择表

序号	课段	教学内容的选择
1	导读课段	综合运用浏览、略读、跳读、精读等阅读方式,结合学生在中小学阶段对鲁迅作品和人物的印象,完成学习任务单。课前依据《呐喊·自序》等材料梳理鲁迅的人生经历,课中分小组了解《呐喊》和《彷徨》的创作时代背景,理解鲁迅《彷徨》自题的五言诗,熟悉作者创作小说的心境和历程。
2	精读课段	本课段主要选取《彷徨》中的《在酒楼上》作为启蒙知识分子专题的单篇精读。第一课时主要梳理小说的故事情节,抓住"修坟"和"送花"主要事件,寻找吕纬甫的"困境"是什么;第二课时主要剖析小说的人物形象,分析环境描写和社会背景,认识吕纬甫这一悲剧人物。

---

① 何克抗.教学系统设计[M].北京师范大学出版社,2002:114.

续表

序号	课段	教学内容的选择
3	比读课段	本课段主要在完成单篇精读的前提下,以点汇面对《彷徨》其他启蒙知识分子的形象进行比较分析;主要以《在酒楼上》和《孤独者》作为比读的对象,比较两人困境的内容、方式的异同,探索两人性格和命运的本质区别。
4	研读课段	本课段主要对《彷徨》中启蒙知识分子的困境内容、突破方式和困境原因等做一个整体的梳理和探究。重点围绕《孤独者》《伤逝》《祝福》《长明灯》等作品,分析涓生、子君、魏连殳、吕纬甫等人物的经济困境、精神困境和社会困境;从多角度探析启蒙知识分子全员悲剧的原因;鉴赏《彷徨》小说中第一人称"我"的叙述手法和思想寄托,理解小说的思想内涵和创作寓意。
5	写作课段	读写结合,通过任务写作和创意设计的方式表达自己对《彷徨》整本书的思考与体会,学会辩证地分析人物形象,全面地认识知识分子这一特殊阶级的困境和艰难。

(三)专题任务情境支架的搭建

新课标非常重视具体情境的载体作用,并指出"真实、富有意义的语文实践活动情境是学生语文学科核心素养形成、发展和表现的载体。语文实践活动情境主要包括个人体验情境、社会生活情境和学科认知情境"①。由此可知,无论整本书的阅读还是单篇的课文学习都应是为学生未来的生活、工作和实际做铺垫。因此,在《彷徨》的整本书阅读中,教师也应该积极创设符合学生发展的真实情境。

1.依循文本,创设生活情境支架

真实的情境创设意味着要贴近学生的现实生活,与学生的日常生活紧密联系在一起,这样才能充分调动学生的积极主动性。鲁迅的生平介绍对于高中生来说肯定是既熟悉又陌生的,笔者在导读课前曾多次组织学生自主勇敢地介绍鲁迅生平的经历,但是明显能够感受到学生对这突如其来的问题表现为无话可说。于是笔者便及时改变原先的提问方式,为学生创设了一个拟真的生活情境:"同学们,假如我们樟树市某中学需要建立一座鲁迅纪念雕像,想邀请你来撰写鲁迅先生的生平介绍,你将会怎样撰写这个介绍呢?"在这样一个拟真的创

---

① 中华人民共和国教育部.普通高中语文课程标准:2017年版[M].北京:人民教育出版社,2018:48.

设氛围中,学生的话匣子一下子便打开了,有学生马上联想到初中和高中学习过鲁迅先生的作品,于是笔者便借势设置以下三个任务来推动这个生活情境的落实。

任务一:请你结合阅读或者学过的鲁迅先生的作品,谈谈你对作品中印象深刻的人物有哪些,尝试着按照你的印象描述这些人的基本特征和命运。

任务二:请结合《呐喊·自序》和《自选集·自序》的几则阅读材料,也可以借助相关网络知识,尝试整理鲁迅先生的人生轨迹并将其人生分为几个阶段,完成表格。

材料一:我有四年多,曾经常常,——几乎是每天,出入于质铺和药店里,年纪可是忘却了,总之是药店的柜台正和我一样高,质铺的是比我高一倍,我从一倍高的柜台外送上衣服或首饰去,在侮蔑里接了钱,再到一样高的柜台上给我久病的父亲去买药。——《呐喊·自序》

材料二:因为这些幼稚的知识,后来便使我的学籍列在日本一个乡间的医学专门学校里了。我的梦很美满,预备卒业回来,救治像我父亲似的被误的病人的疾苦,战争时候便去当军医,一面又促进了国人对于维新的信仰。——《呐喊·自序》

材料三:有一回,我竟在画片上忽然会见我久违的许多中国人了,一个绑在中间,许多站在左右,一样是强壮的体格,而显出麻木的神情。据解说,则绑着的是替俄国做了军事上的侦探,正要被日军砍下头颅来示众,而围着的便是来赏鉴这示众的盛举的人们。——《呐喊·自序》

材料四:我做小说,是开手于一九一八年,《新青年》上提倡"文学革命"的时候的。这一种运动,现在固然已经成为文学史上的陈迹了,但在那时,却无疑地是一个革命的运动。我的作品在《新青年》上,步调是和大家大概一致的,所以我想,这些确可以算作那时的"革命文学"。——《自选集·自序》

鲁迅先生人生经历梳理学习任务单

时间	地点	生活经历	思想变化
1881—1897	绍兴	照顾父亲	看透社会,想学西学
	南京		
	日本仙台	幻灯片事件	

续表

时间	地点	生活经历	思想变化
1918—1922			
1924—1926	北京		潮流退却,孤独彷徨

任务三:结合任务一和任务二的内容,标注上典型事迹和典型印象人物,给鲁迅先生的人生经历绘制一张思维导图,并附上其经历介绍说明。

任务支架解读:进入《彷徨》专题之前,由于鲁迅先生所处的年代距离今天较为遥远,教师首先需要创设相关的任务情境来补充和完善学生对鲁迅生平经历的了解。在创设情境的同时,还需要协同任务驱动去帮助学生完成生活经验的过渡。任务一旨在唤醒学生以前课文内的基础知识,任务二补充新的课外知识连接,任务三则进一步强化思维的转化,可以说三个任务环环相扣、循序渐进,既教会了学生对人物的介绍方法,也非常合理地顺应了任务情境中纪念碑的撰写。学生在梳理过程中也能了解到鲁迅先生从小饱受传统封建文化的影响,但他却是一个不走寻常路的有志青年,在历经幻灯片事件之后毅然选择弃医从文,也正式开启了他的思想救国之路。这一路上经历过许多挫折、辛酸和彷徨,却终为旧社会的改造掀起了革新的浪潮。学生在有了这些经验知识之后,为后面阶段《彷徨》专题鉴赏奠定了一定的基础。

2.深化理解,辅助插图情境支架

图画是促进学生理解文本主旨的重要手段,用图画再现教学的方式,实际上就是把教学内容形象化。学生在经历导读、精读、比读和研读四个课段的学习之后,对于《彷徨》小说的主旨已经有了深刻的认识。为了加深这样一种主题寓意的探索,笔者设计了一个情境支架:"《彷徨》的首版封面是鲁迅先生亲自找20世纪20年代著名画家陶元庆设计的,整个背景画风以蓝色和红色为主调,塑造了3个奇怪的大人坐在同一张椅子上对着太阳,请你结合画面的内容,尝试分析封面想要表达的《彷徨》的主题和思想内涵。"

任务支架解读:这个封面可以说富有鲁迅小说气质的象征,具有很强的印象派写实风格。学生对于《彷徨》主题可能存在一些疑问,而这个插图可以极大地打开学生的思维,启发学生从图画的颜色、人物、形状等大胆地讨论和描述,当然最主要的是需要结合《彷徨》整本书的主题来领悟和思考。整个封面非常

《彷徨》初版封面书影

形象地反映了当时众多知识分子那种迷茫和彷徨的心境,极富教育和启发意义。在这样的情境引导下,学生不断激发出创作和写作的积极性,很多学生都能感受到鲁迅小说那种独特的"立人"启蒙思想,那种对旧社会的改良与批判。笔者摘录了 D 同学的作业分享:

封面中有三个人,均戴着帽子,天上挂着一个蓝色的大太阳。戴着帽子可能是想遮住太阳散发的光。三个人中有两个人低着头,有一个人抬起了头,并且他们的身体是长方形的,这暗示着在封建社会的摧残下,人们变得呆板、保守。那两个低着头的人,可能在寻找正确的方向,而另一位抬着头的人,可能已经找到了自己要走的路。整个画风以蓝色和红色为主调,蓝色英文名是 blue,有忧郁的意思,暗示着整个社会的压抑。

从 D 同学的作业来看,她基本上已经对《彷徨》的主题有了自己的思考,而且能够对封面中两种颜色的隐喻进行延伸,这是非常值得肯定的。这也说明该情境的创设帮助学生理解小说主题有着非常重要的支架作用。总的来看,学习情境的创设有多种方式,有学者认为"情境既可以是观念的、想象的、情意的、问题的,又可以是物理的;既可以是虚拟的,又可以是真实的;既可以是基于学校与课堂的功能性的,又可以是基于社会的、自然的、日常生活中的"①。但无论采取何种方式进行情境的教学,都需要紧扣《彷徨》整本书专题的教学目标,围绕每个具体教学课段的教学内容进行深化。只有营造良好的研讨氛围,保证任务的合理驱动,才能抵达学生真实的内心,触发学生的情思而起到激励和共鸣作用。

3.思维转化,丰富表达方式支架

专题教学最后还是要落实到学生的成果输出,学生需要围绕自己在学习过程中的问题和疑惑进行拟题和定向,在确立方向和题目后进行自主阅读和思考,最后指向成果输出和展示。在这一环节学生经过思维碰撞收获颇多,但是学生的表达方式往往是凌乱的,这个时候需要搭设一定的情境支架来完成思维的转化。鲁迅先生的图片过于抽象,那么我们怎样才能够把这种抽象的内涵以学生自己独特的方式表达出来? 这就涉及支架的另一个辅助作用。例如笔者在解读《彷徨》插图后,针对许多对小说《彷徨》主题理解较为困难的学生,我又布置了促进理解的两个表达任务:①假如鲁迅先生让你帮他重新设计一个小说的封面,请你展开合理的想象,动手画出你心目中的"彷徨"的封面;②查阅《彷徨》的相关阅读资料,用小论文的方式写下你对小说中"知识分子"群像的理解。

学生成果一:

Z同学设计的《彷徨》整本书封面书影

---

① 王文静.基于情境认知与学习的教学模式研究[D].上海:华东师范大学,2002:21.

学生成果二：

浅析《彷徨》中的知识分子形象

高二(1)班 Y同学

辛亥革命到"五四"时期，一大批新思想的人与封建势力对抗，但最终被封建势力所屈服，并向其投降。鲁迅笔下的《呐喊》和《彷徨》揭示了知识分子阶层不断地沉沦，反映了中国封建制度"吃人"的一面。《在酒楼上》和《孤独者》就是很好的写照，从中剖析出人物的特征，就能了解病态社会是如何把知识分子逐渐腐蚀的。

《在酒楼上》中吕纬甫青年时期便敢于去庙里拔神像的胡子，但是他为了生计，放弃了原先的理想，变得消极而颓唐。《孤独者》中的魏连殳在全山村中是个怪人，与现实隔离开来，在被生活逼迫得活不下去的时候，卖掉了自己的书，抛弃了理想，投靠了自己原先所憎恶的人，并报复社会，这两个主人公最终都逃离不了社会给他们的压迫，都选择了妥协。那为什么他们的命运会如此悲惨呢？首先封建社会思想根深蒂固，影响着社会中的人民，蔓延到社会中的每个角落，只有少数人接受着新思想的熏陶。其次，他们脱离了群众的抗争，只靠个人单打独斗的力量对社会的影响微乎其微，要从思想上教育群众，传播新思想要从基层社会开始。最后，知识分子的革命信念不太坚定，要反思自己，总结失败的原因才能更好地进步，同时要付诸行动，不能空想也不能坐以待毙，要有明确的目标并为此奋斗。因此，我们要敢于面对教训，不逃避现实，探索正确的道路，勇敢前行。

不同的选择，不同的人生。吕纬甫是在清醒地堕落，如困在牢笼中的鸟兽，挣扎不是，不挣扎也不是，他知道自己做了些无聊的事情，可却无能为力。他也不喜欢现在的自己，可又无力摆脱社会生活所带来的压迫，这种无力感，我想也是能够理解的。况且之前为了顺姑，他硬生生逼自己吃下了一大碗的荞麦粉，只是为了不让她失望，表现出人性的善良，对美好事物的向往和追求。而魏连殳是一个自怨自艾、孤僻，而且心理畸形的危险人物，虽然不满现实可又把自己包起来，就如"围城"一样，别人进不来，自己也走不出，在自我折磨中度过。他知道自己已经不是从前的自己了，认为自己活得不好，别人也不能活好，带着这种报复社会的心理，最终也不能得到好的结果。

鲁迅曾说他想利用小说的力量来改良社会,所以取材多采自病态社会的不幸的人们。我想鲁迅是希望通过这些人物来反映社会的黑暗,从典型人物可以反映时代的悲哀。革命的道路是孤独的,要学会独自前行。精神是不可泯灭的,要不断发展进步,正确地改变自我,坚持自我,要有勇于抗争的精神。

支架解读:学生在整个专题的学习中已经自主生成了思想且收获丰富的个性化成果,在课堂线上的交流展示之中,学生基本能够对鲁迅先生撰写《彷徨》小说的"立人"目的达到深刻认识。Z同学以素描的方式表达出自己对整个知识分子困境的理解,用月亮和江水作为封面的背景,富有创新性。黑夜下人的影子被拉得很长,一轮明月却透露出无限的寒意,这种时代的孤独表现得淋漓尽致。Y同学则能够围绕《在酒楼上》和《孤独者》两位主人公的不同命运展开原因剖析,充分认识到当时整个社会环境对知识分子这一阶级的影响,点出鲁迅在他们身上所赋予的同情与批判之情。对于一个普通班的高中生来说,此文章观点鲜明,语言流畅,逻辑清晰,非常值得肯定,但也要说明的是高中生对于学术的引用规范还存在一定问题,仍需要进一步加强和优化。总体来说,在《彷徨》专题创设相关情境的支架帮助中,学生完成了作品由阅读到研读的过程体验,在支架的任务刺激下积累了小说阅读的经验。这也充分展示出专题学习能够有效地激发学生的学习兴趣,利于整本书阅读的深化和研讨。

【案例6-2:《红星照耀中国》】

《红星照耀中国》是一部文笔优美、内容丰富的纪实性报告文学作品。整本书主要围绕美国记者埃德加·斯诺为解答心中的疑惑,进入"红色世界"的见闻展开,面向世界对我国革命根据地进行了实况介绍。作品涉及面较广,包括军事、经济、政治、理论等各方面的内容。《红星照耀中国》的英文书名为 *Red Star Over China*,作品最早的版本在1937年10月由英国戈兰茨公司出版,中文译本则是在胡愈之组织下以"复社"的名义出版发行。由于当时所处的政治环境严苛,中文译本用《西行漫记》这个书名作为掩护,在进步青年和海外华人间广泛阅读,故《红星照耀中国》又名《西行漫记》。

(一)教学内容的确定

《红星照耀中国》可供教学的内容繁多,在确定教学内容的同时,要有一定的取舍。王荣生指出,教学内容要正确,要适合学生的学习需要,要给学生较大的帮助。①《红星照耀中国》作为纪实性文学作品,是斯诺对当时"红色中国"的真实报道,解答了"红色中国"之外人们的好奇与困惑,向世界展现了中国人民为争取民族独立的决心与行动。纪实性文学作品的阅读与学习,最重要的就是要能真切地了解斯诺笔下的"红色世界"的人和事,感悟作品传达出的革命先辈们的精神与信仰。教材推荐了三个专题学习板块——领袖人物和红军将领革命之路、关于长征、信仰与精神,并建议学生可以自选感兴趣的内容进行学习。在此基础上,教材选择小人物、大人物和大事件三部分进行教学。小人物、大人物和大事件三个部分相关的章节,占据了这本书的大部分内容,能够很好地将这本书整合。这三个部分在阅读难度上是逐层递进的,从人物形象分析到大事件的梳理与总结再到精神与信仰的内化,随着学生的阅读能力的提升,阅读的难度不断加大。

(二)专题任务情境支架的搭建

1.导读中思维导图的支架设计

八年级的学生已经积累了一定的阅读经验,但是针对《红星照耀中国》长达六千多字的巨作,仍然有一定的阅读难度。在导读阶段需要重点引导学生充分认识到这本著作叙述身份和叙述视角的独特性:这是一部以外国人的自身视角作为真实纪实角度的作品,相对于本国作家而言更具有真实性和客观性的文学意义。在导读环节中,教师可以制作思维导图,起着一个引领示范的作用,要求学生完成"小人物""大人物"以及"大事件"的思维导图制作。

支架任务解读:思维导图是一个打开大脑潜能的强有力的图解工具,它能充分调动人体大脑皮层中包括词汇、图像、数字、逻辑、韵律、颜色和空间等各方面的感知,能更加直观地展示学生的思考能力和自然思维过程。在解读"大人物"和"小人物"之前,先完成作者的背景资料梳理,更能激发学生的阅读兴趣。此外,这一支架的过渡中,学生可以明白思维导图的思考角度和定向作用,也能更加鲜明地梳理出诸如《去红都的道路》《在保安》等篇目中大人物的特殊人生经历和人格魅力。

---

① 王荣生.阅读教学设计的要诀:王荣生给语文教师的建议[M].北京:中国轻工业出版社,2014:94.

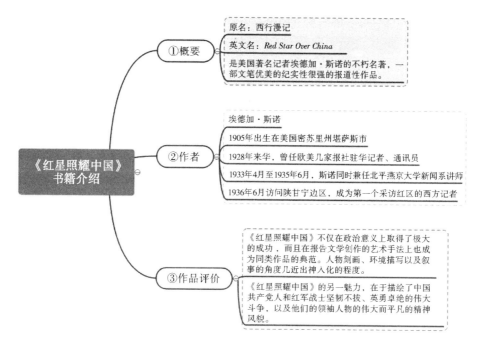

《红星照耀中国》书籍介绍思维导图

2.比读中"小人物"和"大人物"的比较支架设计

（1）找出文章中"小人物"令你感动的细节，并且尝试在小组合作中概括并归纳概括小人物的事迹及其形象。

学生通过阅读"同红色农民谈话""大渡河英雄""红小鬼"等章节，明确"红星"中的小人物主要为红色农民和红军战士，其中的红军战士中有一群特别的人——"红小鬼"。红色农民的事迹主要有：农村小脚老太太坚持杀鸡给斯诺吃；一个有六个孩子的父亲热情地招待斯诺一行人；斯诺同周家村子里的农民聊天谈话；等等。由此可知，红色根据地下农民的形象是：心地善良、殷勤好客、纯真质朴。红军战士的事迹主要有：二十二名夺桥突击队队员、"号手"小红军、山西娃娃、十五岁的瘦少年、检查路条的少先队员等。红军战士的形象是：英勇无畏、骁勇善战、吃苦耐劳、可爱聪明、努力学习。

（2）找出文章中"大人物"令你感动的细节，并且尝试在小组合作中概括并归纳大人物的事迹，完成下表。

"大人物"形象梳理表

人物名片	
外貌形象与言谈举止	
出身与家庭	
童年经历	
受教育情况	
参加革命的经历	
令我感动的故事或者细节	
作者的评论	
你眼中的大人物形象	

支架任务解读:这一环节主要是学生小组合作阅读"造反者""贺龙二三事""苏维埃掌权人物""悬赏两百万元的首级""一个共产党员的由来""人生五十始!""为什么当红军?""红色窑工徐海东""关于朱德"等章节,明确"红星"中的大人物主要是对革命有突出贡献的人,如周恩来、贺龙、毛泽东、徐特立、徐海东、朱德等。这一环节让学生小组合作探究,阅读与大人物有关的章节,培养学生分工合作探究的意识,最大限度地利用课堂时间,将学生的信息整合。

综上所述,从两个任务的比读支架搭设中,学生可以深层次地了解到"小人物""大人物"身上的精神追求和人格魅力具有相似性——革命信仰;也可以从"大人物"的细节中感受到"小人物"的简朴和坚强。总而言之,学生对斯诺笔下的"红色人物"有着更加立体和真实的感受,也使得作品的精神文化达到由内到外的高度统一。

3.研读中长征路线图的支架设计

材料一:

毛主席接着说:从瑞金算起,十二个月零二天,共三百六十七天,战斗不超过三十五天,休息不超过六十五天,行军约二百六十七天,如果夜行军也计算在内,就不止二百六十七天。然后,他扳着手指说,我们走过了闽、粤、湘、黔、桂、滇、川、康、甘、陕,共十一个省,根据一军团的统计,最多的走了二万五千里,这确实是一次远征,一次名副其实的、前所未有的长征!

"长征万岁!"会场里刹时升起欢呼声。"二万五千里长征万岁!"口号声此起彼伏。

毛主席打断口号声继续说:二万五千里中,红军占领了几十个中小城镇,筹款数百万元。扩红数千人,建立了数百个县、区的苏维埃政府,我们走遍了五岭山脉、苗山、雷公山、娄山、云雾山、大凉山、六盘山,渡过了于都河、信丰河、潇水、湘江、清水江、乌江、赤水河、北盘江、金沙江、大渡河、白龙江、渭水河,经过了苗、瑶、彝、回、藏等兄弟民族地区。我们完成的空前伟大的远征,是历史上从来没有过的。

——杨成武回忆录《长征胜利万岁》

材料二:

长征是历史纪录上的第一次,长征是宣言书,长征是宣传队,长征是播种机。自从盘古开天地,三皇五帝到于今,历史上曾经有过我们这样的长征么?十二个月光阴中间,天上每日几十架飞机侦察轰炸,地下几十万大军围追堵截,路上遇着了说不尽的艰难险阻,我们却开动了每人的两只脚,长驱二万余里,纵横十一个省。请问历史上曾有过我们这样的长征么?没有,从来没有的。长征又是宣言书。它向全世界宣告,红军是英雄好汉,帝国主义者和他们的走狗蒋介石等辈则是完全无用的。长征宣告了帝国主义和蒋介石围追堵截的破产。长征又是宣传队。它向十一个省内大约两万万人民宣布,只有红军的道路,才是解放他们的道路。不因此一举,那么广大的民众怎会如此迅速地知道世界上还有红军这样一篇大道理呢?长征又是播种机。它散布了许多种子在十一个省内,发芽、长叶、开花、结果,将来是会有收获的。总而言之,长征是以我们的胜利、敌人失败的结果而告结束。谁使长征胜利的呢?是共产党。没有共产党,这样的长征是不可能设想的。中国共产党,它的领导机关,它的干部,它的党员,是不怕任何艰难困苦的。谁怀疑我们领导革命战争的能力,谁就会陷进机会主义的泥坑里去……

——杨成武回忆录《长征胜利万岁》

任务设计:结合相关材料,并且观看《长征》纪录片,思考长征胜利的基本意义,并完成长征路线图的绘制。

支架任务解读:结合毛主席有关"长征"的演讲资料,学生能更加真实地体会到长征胜利的来之不易。"长征是历史纪录上的第一次,长征是宣言书,长征是宣传队,长征是播种机。"手绘过程中,学生能够切身体会到在这种距离遥远、时间久远、物资匮乏的情况下,红军凭借着顽强的革命信仰创造了人类历史上的远征奇迹,也更加激发学生体会到斯诺对中国红军二万五千里长征的感动和敬佩之情。与此同时,以图表的方式来呈现长征的起因、经过、结果、历史意义与路线,能够明确为学生指出阅读的内容与目标。图表的呈现,更为清晰直观,有利于帮助学生更好地梳理长征的脉络,从而把握整本书中"红星"点亮中国革命的精神和意义。

四、整本书阅读专题学习中学习支架的作用

整本书阅读的专题学习是一个学生自我发现、自我探究和自我解决的研究过程,其过程的核心必然要围绕学生的对话参与和讨论交流。但由于学生缺乏相应阶段的生活经验和学习经验,讨论过程中往往缺乏方向,这个时候就需要依赖教师所创设的相关任务情境和搭设任务支架来帮助学生完成最近发展区的知识过渡。

(一)对学生学习过程的引导功能

学生是经验缺乏的学习者和写作者,他们在完成专题任务的过程中,会遇到各种各样的问题和困难,因此需要及时、有针对性的学习支架的辅助支撑。学习支架有助于引导学生经历教师甚至是名家所经历的思维过程,有助于他们对知识的体验与理解。在专题的奠基拓展阶段,任务支架、助读支架、表格支架等的出现对学生理解专题主题有重要意义;在写作环节,通过学习支架,学生可以"模仿""体验""实践"和"内化"支架所蕴含的写作思维策略与问题解决方法,提高写作能力。

(二)对学生自主学习能力的强化功能

学习支架最终目的是帮助学生在工具的支持下成功跨越学生的"最近发展区",达到教学目标。但学习支架的支持只是暂时性的,随着学习者能力的提升,教师可以逐渐将学习责任转移到学生身上。好的学习支架要能对学生日后独立学习起到潜移默化的作用,使他们在遇到学习困难的时候,可以通过各种途径寻找或建构支架来支持自己的学习,学会举一反三。因此,学习支架的有效应用能够培养学生的自主学习能力。

总而言之,在专题中学习支架可以产生以下作用:(1)保证学生在不能独立完成专题任务时获得成功,帮助学生超越先前的能力水平,认识到潜在的发展空间;(2)使得阅读过程中的学习情境能够以保留复杂性和真实性的形态被展示、被体验,离开了学习支架,一些阅读收获将变得杂乱无章且容易偏离主题,

使得专题无法探讨下去;(3)让学习者经历那些更有阅读和写作经验的学生或教师所经历的思维过程,有助于他们对著作中人物形象、情节铺叙、叙述视角和情感审美的体悟与理解;(4)对学生日后的独立阅读过程起到潜移默化的引导作用,引导他们在必要时通过各种途径寻找或构建支架来提升阅读和写作能力。

练 习 题

1. 整本书阅读的教学价值体现在哪些方面?

2. 学习支架在整本书阅读专题学习中有什么作用?

3. 为统编本语文七年级下册《骆驼祥子》整本书阅读选择课程模型并进行过程设计。

第七章　语文课堂教学语言技能

　　课堂教学语言是指教师为了达到预定的教学目标,在固定的时间内组织、引导学生学习知识、养成技能、熏陶情感、树立正确价值观而在课堂教学过程中使用的语言。它是教师综合素养最直接、最根本的体现。它有广义和狭义之分,广义的课堂教学语言包括有声的话语、无声的身势手势、感情与眼神、板书与课件等,而狭义的课堂教学语言多指教师在课堂上与学生交流所使用的话语。本书讨论的主要是狭义层面的课堂教学语言。

　　课堂教学语言普遍具有简洁性、规范性和有效性等特点。受特定使用环境、使用对象和使用目的等因素的影响,语文课堂教学语言的特点更为丰富,还应具有形象性、启发性、趣味性,具有一定的感染力和音乐美。教师作为课堂教学的主导者和实践者,教学语言贯穿于教学的整个过程。语文教师要实现课程的教学目标,需要在指导学生范读和朗读、讲授课程、进行学习评价等方面多下功夫。

第一节　语文范读及朗读指导技能

　　范读即为示范朗读,好的范读是一把打开学生心灵的钥匙。它不仅能让学生享受语言的熏陶和艺术的感染,还能让学生体会出自己难以品味和感悟的内容;不但能提高学生的朗读能力,而且能激发师生之间的良性互动,促进学生语文水平和能力素养的提升。

　　《现代汉语词典》将"朗读"定义为"清晰响亮地把文章念出来",强调朗读是发声念读。《教育大辞典》则指出,"朗读是通过视觉、听觉和思维活动,将文字符号转变为有声语言的读书方法即出声的阅读"。除此之外,张志公、徐世荣等专家学者对朗读也提出了自己的理解,归纳起来可理解为朗读不是简单地将文字念出来,而是将朗读者对文本语言的理解、自身的朗读技巧、情感体验等融为一体的再创造。

语文教师在课堂教学过程中坚持有意识地对学生进行范读及朗读指导,可以帮助学生积累语言、形成语感、培养感情、激发美感、陶冶情操、产生共鸣。①

一、语文范读指导

近年来,随着课改的深入,"以机代读""看视频""听录音"等现代教学手段被广泛引入语文课堂,原汁原味的师生范读正遭受有意无意的放逐。随之而来的是学生对课文的热情越来越低,准确无误的个性化诵读越来越少,早读开口,一"唱"到底,平时读书,"金口"难开;读错常用汉字,读破常见语句,读丢文章韵味等情况时有发生。凡此种种,无疑给我们敲响了警钟,也再次说明了教师范读指导的必要性和紧迫感。

教师范读可提高学生的朗读技巧。很大程度上说,教师的范读也是对学生朗读技巧的训练和指导。有的课文生词、长句较多,较难读,如统编本语文一年级下册的《姓氏歌》一文12个生字中,有3个后鼻音字,4个翘舌音字,还有"姓氏、诸葛"等较难读的字,教师正确、流利的范读能帮助学生正确掌握字音,掌握长句中词语间和句子间的停顿、语速和节奏。长此以往,学生的朗读将化技巧于无痕。

教师范读可提升学生的模仿能力和情感把握能力。有时教师要求的情感表现力,学生读不出来,并非学生体会不出课文的情感,而是不知如何用朗读去表达。此时教师的精彩范读尤为必要。例如,学习朱自清的《背影》时,老师先范读,再让学生模仿朗读,在不断的练读中,使学生逐步感知一位不舍儿子、逐渐苍老的父亲形象,进而增强学生对文章情感的把握。

教师范读可传情,可感染学生。语文教育大家刘国正先生回忆他的私塾先生时,有过这样的描述:"他给我们讲解《咏怀》《北征》《秋兴》等,在简要的讲解词语之后,他开始朗读或朗吟,读一声'妙啊——嗯!'他并不说出妙在何处,但从他那眉飞色舞的神态,从他那喝彩般神情的语气,知道他的心境已经化入诗中,深深地受到感动。此时的我,也无须追问妙在何处,感情同老师一起交融在诗中了。"可见,借由教师精彩的范读,课文深邃的思想、充沛的情感,就像一股清泉淌入学生的心田,在无形中感染学生。

---

① 徐洁.范读:语文教学不可或缺的重要环节[J].当代教育科学,2008(16):55-56.

教师应该如何在语文课堂教学中做好范读指导呢？教师自身首先要提高范读水平和质量，这是前提。教师范读不能只是为了读而读，而是要有充足的内涵做保障，做到心中有数——范读的内容、范读的形式、范读的时间等都要围绕具体目标进行。教师的范读不是"花架子"，不能局限于朗读技巧的展示，更重要的是对课文的理解。只有吃透了课文，对其内容、语言、思想情感等把握透彻，才能实现范读的声情并茂，给学生美的享受和思想的启迪，进而产生共鸣。

教师范读要安排好合适的时机和形式。从时间上划分，范读可分为课前、课中和课后三类。学生在初学课文时面对生字词多、句子长、意思深奥等问题，出现理解、体验、感悟等方面的障碍时，教师就有必要先行范读，引导学生读通读顺课文，帮助学生理解文本，提高学习效率。

授课过程中，有时齐声朗读无法体现学生个体间对课文的感受，教师就有必要对重点段落和句子进行范读，促进学生提升课文的理解力。如讲授《最后一课》时，当讲到韩麦尔先生柔和又严肃地说"新老师明天就到。今天是你们最后一堂法语课"，小弗朗士感慨"我的最后一堂法语课"时，教师应通过重读"最后"二字强调韩麦尔先生和小弗朗士对"最后一课"的无比珍惜，感受他们心灵和情感的悸动。又如讲授《烛之武退秦师》中烛之武对郑伯说的"臣之壮也，犹不如人；今老矣，无能为也已"时，重读并拉长"今老矣，无能为也已"，让学生更深刻地体会烛之武的满腹牢骚。

课文学完后，教师的范读无疑有利于学生对课文的巩固和整理，深化文章的思想感情，给以学生审美的熏陶。如讲授完《春》后，教师选择最后几个自然段声情并茂地朗读："春天像刚落地的娃娃，从头到脚都是新的，他生长着。春天像小姑娘，花枝招展的，笑着，走着。春天像健壮的青年，有铁一般的胳膊和腰脚，他领着我们上前去。"学生们沉醉其中，不自觉地跟着有声有色地读起来，读出味、读出情，美极了。

出于不同的目的教师可选择不同的范读形式，若是为了引导学生感知课文，初步了解课文的内容，教师可采用感知性范读形式。如《山中访友》是一篇满含情怀的文章，作者丰富的想象在教师的范读中飞翔：老桥恰似一位德高望重的老人，鸟儿呼唤"我"的名字，露珠与"我"交换眼神，树是"我"的知己……这些画面在学生的脑海中不断闪现，使学生初步感受到人与自然和谐相处的快乐和幸福。

在学生理解了课文的语言文字的基础上,教师可进行情感性范读。充满感情的范读可以帮助学生感悟文本,缩短学生和文本间的距离,使学生快速地进入课文所描绘的情境中去。于漪老师曾说过:"教师本身对文本的理解有多深,学生对文本的理解才会有多深。"教师范读,正是教师将自己对文本的理解、感悟、体验以最质朴、最直观、最生动的形式展现出来,给学生以触发和熏染。再以《最后一课》为例,教师读到结尾处"韩麦尔先生站起来,脸色惨白"时,语速放缓,声音低沉,让学生感受下课铃声对韩麦尔先生内心的震撼;读"'我——我——'但是他哽住了,他说不下去了"时,声音拉长伴随停顿,让学生体味韩麦尔先生身心俱焚的悲怆;读"他转身朝着黑板,拿起一支粉笔,使出全身的力量,写了两个大字:'法兰西万岁!'"时,语速应加快,力度增强,一字一顿地读出"法兰西万岁",让学生感受韩麦尔先生强烈的爱国精神。

学生谙熟课文后,教师往往会选择总结性范读,将课文声情并茂地朗读一遍,再次将学生带回课文的情景之中,加深学生对文本的领悟,进而提高学生对阅读的兴趣。这类范读给学生留存了足够的想象空间,对学生思维的开发有较显著的促进作用。

无论采用哪种范读方式,教师都应根据不同的目的,在不同的教学环节,依据学情,鼓励和引导学生以不同的方式参与到教学活动中来。学生可以安静地听教师范读,可以拿着课本边看边听教师范读,也可以跟着教师的范读轻声诵读。

教师范读不是灌输,而是一种引领和渗透,是一种潜移默化的教学策略。正如叶圣陶先生所说"教是为了不教",范读是为了有一天不用教师去读。学生能读好语文。教师的范读给学生引了路,给了指导和启发,终有一天,不待老师教,学生的个性朗读会百花齐放,异彩纷呈。

二、语文朗读指导

朗读指导能力是指教师在朗读教学活动中指导学生掌握朗读技巧,通过适合的朗读方法指导学生理解文本内容、积累语言素材、运用语言表达、获得独特情感体验的能力。作为语文教学的基本方法之一,朗读指导在语文教学中发挥了较大的作用。

第一,它是帮助学生理解课文内涵的重要手段之一。对于一些内涵丰富的文章或具有深层含义的词句语段,在课堂上让学生反复诵读无疑是最有效的。

优秀的朗读可以弥补语言文字上的不足,不但可以把语言完整地表达出来,还能通过语气、语调、表达技巧等传达出文章中那些只可意会的韵味。

第二,朗读指导可以提高学生的写作能力。语文教学中,阅读和写作是密切相关的,借助对文本的反复朗读,学生不仅能学到遣词造句的方法,还能掌握谋篇布局的技巧。大量的朗读可使学生无意识地记住多样的表达方法,并通过大量的重复朗读得到掌握。学生在朗读中积累的词汇和美句会在口语表达和文学创作时自然地涌现出来,写作能力也随之提升。

第三,朗读指导还有助于提高学生的鉴赏能力、激发学生的学习兴趣。课堂教学绝对不能是教师一个人的狂欢,学生才是学习的主体。语文教材中的文章是经过精心挑选的,集思想性和艺术性于一体。通过朗读,教师可以引导学生通过想象发挥主观能动性去体验和理解作品的内涵,用鉴赏的眼光和思维去感受文本的内容和价值,使学生与作品产生情感共鸣,激发学生的情感体验,进而提高学生的学习兴趣。

目前,语文课堂朗读教学中也存在一些问题。

从教师的角度看,第一,教师自身朗读水平有限,指导起来具有无力感。语文理论知识的储备、对文本的理解等都制约着教师朗读能力的发挥。有的教师只看到句段的局部作用而忽略了文本内词、句、段、篇之间的相互关联而让学生过多朗读句段,有的教师指导朗读方式单一,以齐读和指名读为主。第二,教师自身对朗读存在观念上的误区。部分教师将朗读窄化为朗诵、诵读,多让学生朗读古文、诗歌、散文等,对戏剧、小说、应用文的朗读很少,导致朗读内容失衡;有的教师往往只将朗读作为教学的过渡环节,并不指导学生进行深读,整体导致课堂上学生读得少、读得浅。第三,简化或忽略了朗读的教学设计,使朗读指导显得随意、无序。有的教师从不或者说很少对朗读进行备课,盲目地采用齐读、指名读的朗读教学法,有时与学生想采用的方式冲突,学生的主体性得不到发挥,难免出现懈读、怠读的现象。另外,由于课前未对朗读教学作预设,课上朗读显得随心所欲,杂乱无序。有的教师对学生朗读的评价多为"读得不错、读得很好",很是敷衍。

从学生的角度看,第一,很多学生没有养成课前预习朗读的习惯,对朗读没有做好准备,有的即使提前预习了朗读内容,但在心理上不自信,总认为没有准备好,不敢当众大声朗读,导致自身朗读的主体地位逐渐缺失。第二,在认知上,有的学生认为朗读并不重要,有的即使意识到了朗读的重要性却对朗读的作用、性质等认识不足,这些都一定程度上阻碍了学生对朗读的运用。第三,有的学生对朗读提不起兴趣,认为朗读就是表现,归根结底还是在观念上对朗读存在误解。

鉴于以上问题,我们分别对教师和学生提一些建议。教师需要在深入理解文本的基础上掌握一定的朗读技巧,并有意识地加强朗读技巧与文本理解的有机结合;要正确认识朗读的概念,正视朗读指导的价值,还原朗读的多重作用;还应做好课前、课中和课后的教学设计,了解学情,注重朗读内容的多样化,使朗读教学指导更有序、更具体、更全面,也使学生成为真正的朗读主体;同时还要注意加强朗读评价,使朗读有理有据。学生首先要认识到自身的朗读主体地位,对教师要求的朗读内容提前做好练习,做到"想读"和"敢读";应树立正确的朗读观,赋予其考试以外的更多意义;还可以借助参加朗读比赛、观摩朗读视频、成立朗读兴趣小组等方式培养自身的朗读兴趣。

下面给大家分享一个比较成功的语文课堂范读及朗读教学片段:

师:五柳先生可是一位神奇的人物,现在请同学们对照课文注释、阅读提示、课文思考题进行自读课文,读出声来,边读边圈点勾画。好,开始!

(学生自由朗读)

师:同学们读的声音还是不够大,接下来请同学们听老师给大家读一遍,大家仔细听,老师用什么语气读。

(教师范读全文)

师:老师读得怎么样?

生:蛮好的。

师:谢谢你的表扬,好,再问一位女同学。你听出老师用什么语气在读呢?

生:一种疑问的语气……

师:看来老师还得加强朗读训练,老师本来想用自嘲、自赏的语气来读。好,接下来一起朗读。

(师生齐读)

师:好,同学们再放开声音自由读。

(学生自由读)

…………

师:读完后同学们喜欢五柳先生吗? 同学们以 3—5 人为一小组,边讨论边读。

(学生小组读)

师:我们各抒己见,你喜欢五柳先生什么?

生:我喜欢他的淳朴。

师:请你把文中相关句子大声读出来。

生:(大声朗读)环堵萧然,不蔽风日;短褐穿结,箪瓢屡空,晏如也。

该教学片段中,教师让学生运用多种方式进行朗读。一开始通过"自由读"的方式让学生整体感知课文,随后教师抓住时机,范读全文并让学生评价,使学生初步形成自己对朗读的理解与判断。在理解的基础上教师让学生"齐读"全文,并不自觉地参与到学生的朗读中,与学生一起读,更激发了学生的朗读兴趣,师生读得可谓津津有味。最后在分析文本时,教师又通过"指名读"来检查学生对课文的理解程度。整个过程,多样化的朗读方式调动了学生的积极性,值得我们学习。①

第二节　语文课堂讲授技能

讲授法指的是教师通过语言系统连贯地向学生传授知识的方法,是语文课堂教学运用较为普遍和传统的一种教学方法。"师者,所以传道受业解惑也。"其中的"传道"除了身传,还有言传,言传无疑要通过讲授的方式进行。倘若所有的知识,学生都能通过自学和讨论学会,那教师也就没有存在的必要。

语文课堂上,教师通过讲授直接向学生传递知识,使得抽象、深奥的课本知识变得形象、通俗易懂,在班级授课制中有效地保证让绝大部分学生在短时间内学到更多的知识和技能。教材编写会受到书面形式等的制约,学生很难理解知识本身及其潜藏的内涵,教师的系统讲授毫无疑问可以解决这些问题,并帮助学生全面、准确、深刻地掌握教材。有效的课堂讲授一定融进了教师自身的学识、修养和情感,使得教师能够充分发挥自身的主导作用,潜移默化地影响着

---

① 刘凯莉.初中语文阅读教学中师生朗读行为研究[D].太原:山西师范大学,2016:46－47.

学生,使他们获得远比教材多得多的知识。

课堂讲授的诸多优势不言而喻,但在新课标下的语文教学中如何正确开展课堂讲授却成了一大难题。什么时候讲、讲什么、讲多少、如何讲等问题给语文教师带来了困扰。

教师应该在什么时候进行课堂讲授呢?新课程背景下,自主学习应当成为课堂学习的主要方式,然而它是以学生的知识储备为基点的。学生的自主学习会遇到一定的困难,这个时候就非常需要教师的指导和讲授。例如,对于高尔基的散文诗《海燕》,学生如果不了解俄国工人革命运动,是很难理解海燕的象征意义以及诗歌的主题思想的,教师对诗人写作背景的讲解显得尤为必要。再如,学生初次接触议论文,想有效地自主学习,也离不开教师对议论文体裁相关知识的讲解。所以讲授应该在学生需要的时候进行。

新课标指导下,探究性学习的优势逐渐彰显。通过探究性学习,学生不但能掌握知识,而且能掌握学习方法,还能培养学生团结合作的精神。倘若探究的问题超出了学生的能力范围,教师必须借助讲授进行干预。例如学习《林黛玉进贾府》时,教师提问:"在这篇文章中,为什么作者对黛玉以外的所有人物都有具体写实的服饰、外形描写,而独独不描写黛玉,只用了几个写意的模棱两可的语句来勾勒黛玉的神态呢?"这是个难度系数很高的问题,解决这个问题需要读者有深厚的文学积淀和高超的艺术鉴赏能力,学生很难探究出来,需要教师详细讲解。所以讲授应该在学生探究不出的时候进行。

课堂上,学生对教学难点知识最容易产生疑惑,甚至产生一些误解,此时教师需要及时引导和点拨,帮学生解开疑团,得出正确的结论。如教学《荷塘月色》时,教师问及该如何理解文本中"我"的形象时,有的学生回答:"'我'总是沉湎于自己的小天地,格局很小。"有的学生甚至认为"'我'不是一个好丈夫,总是在想美女"。这时,教师不能盲目肯定学生肤浅的解读,应当引导学生了解写作《荷塘月色》的时代背景,并引导学生从时代的角度重新审视"我"的形象。所以讲授应该在学生产生疑问和误读的时候进行。

另外,有时为了达到教学目标和教学效果,教师可以在学生的情绪被调动起来的时候进行讲授。如在《春》的课堂教学中,教师可先让学生欣赏一段《春天在哪里》的歌曲,当学生听着这熟悉的乐曲,情绪被调动起来时,教师再用精彩的语言很自然地把学生引入到文本的阅读中去。语文课上除了用音乐激情外,还可以用讲故事、观看幻灯片或录像等方法来调动学生的情绪,营造氛围,然后教师抓住时机,适时讲授,可以达到较好的教学效果。所以讲授应该在学生"动情"的时候进行。

关于讲什么、讲多少的问题,要求教师学会科学地组织教学内容。讲授开始之前,教师首先要系统、灵活、全面地把握教材,深入解读文本内容。包括课文的重点、难点在内,凡是与课堂教学有关的知识点都应该加以细致研究,并把它们有机地纳入课堂要讲授的内容之中。讲到小说,就围绕"环境、情节、人物"三个要素展开讲解;讲到诗歌,就重点讲授意象与情感。同时课堂讲授不应是"注入式"与"填鸭式"的,而应以教学目标、教材特点、教师自身的教学经验为参考,对教学内容进行深入剖析,使之符合教育规律和学生的身心发展特点。

王崧舟老师在讲授《长相思》时,课前就对词人纳兰性德的生平和作品做了深入的研究,这样对文本内容的把握也就更加深入了。他旁征博引,在课堂教学中引用了纳兰性德《菩萨蛮》中的两句词"问君何事轻离别,一年能几团圆月",来帮助学生更好地理解文本内容和词人内心复杂的情感,同时也增加了学生古诗词的积累量。王老师的讲授没有面面俱到,更没有占用过多课堂时间,始终抓住重点,围绕着"乡愁"内容展开,有序而系统地让学生对教材内容和教师所教学的知识点有了深刻的把握。这种有重点、简而精的讲授值得我们学习。

尽管明确了一堂课要讲什么,但没有有效的讲授方法,学生获取知识也会很吃力,难免出现教师讲得满头大汗,学生听得一头雾水的现象。如何在语文课堂教学中发挥教师讲授指导的有效性,需要我们一直研究和探讨。

首先,课堂讲授要有严密的逻辑性。课文教学目标的确立,意味着这堂课所有的教学活动都有了明确的指向,接下来就是如何运用逻辑思维组织这些活动的问题。例如各种不同文体的文章,从结构上看,都由开头、中间、结尾组成,讲授时,可以按以上顺序,分三个阶段进行。剖析文本,主要围绕文本的内容、手法和目的逐一解析。然而逻辑性并不意味着死板和固定,巧妙运用逻辑思维会让课堂讲授更出彩。如某老师在讲授《祝福》第一课时,是这样设计导入的。

师:现在如果让你写一篇小说,展现应试教育对学生的迫害,你会怎么写?

(学生笑)

生1:我要写一些被应试教育害得很惨的学生,通过他们来体现。

师:写一些? 写多少比较合适呢?

生1(思考):写一群,但是重点写一个,突出典型。

师:好,通过一个典型去反映整个社会状况。那具体怎么去写呢?

(学生思考)

师:能不能写一个本来就有毛病的学生呢?

生2:不行。那样不能说明是应试教育害了他。

师:那你说应该怎么写呢?

生2:应该先写他好的一面,再写他经过应试教育后变得怎么不好。

师:想法真不错。一个好好的学生,经过应试教育的迫害,变得很糟糕,这就突出了应试教育制度的弊端。我们今天要学的这篇文章有相似之处,是鲁迅想通过祥林嫂这样一位人物来反映当时农村的黑暗,我们看看他是怎么写的。

这位老师打破了常规的教学思路,直接给出文章主题,有条理地引导学生用演绎思维去思考作者如何表达最终的主题,为后面的教学奠定了良好的基础,达到了较好的教学效果。

其次,课堂讲授要有较强的语言表现力。韦志成在《语文教学艺术论》中说:"语文教学语言,又不同于其他学科的教学语言。它是学生学习祖国语言的规范,是模仿教师正确表情达意的标尺。语文教学语言是语文学科传递教学信息的工具,是培养学生听、说、读、写能力的媒介,是学生学习现代汉语的典型参照。"①作为引领者的语文教师,其课堂教学语言具有一种示范性,是学生学习语言的榜样。

讲授语是教学语言的主体,教师语言表现力的强弱,对学生在课堂上的学习效率和教师的实际教学效果有着很大的影响。在教学过程中,教师要善于把教材语言转化为形象的、富有感染力的口头语言,从而激发学生的学习兴趣。

师:有人将我国各个时期的诗歌比作女人的一生:《诗经》犹如小女孩,思无邪;魏晋诗歌犹如少女,羞答答的,就像你们;(学生大笑起来)唐诗如同少妇,风姿绰约,浪漫而美丽;宋诗就像更年期的女人,以说理见长;明清的诗歌就像老太婆,喜欢用典;现代诗已经死了,等着你们去复活。哦,其实没死,现代诗有昙花一现的回光返照,只是当代诗已死。当然这只是一个比喻,大家不要对诗歌

① 韦志成.语文教学艺术论[M].广西教育出版社,1996:124.

有什么偏见哟。今天我们就一同走进思无邪的《诗经》,感受这个"思无邪的小姑娘"的魅力。

　　教师通过富有情感化和表现力的语言让枯燥的知识变成快乐的因子,使得课堂讲授充满欢声笑语,通过女子各个时期的特点来比喻诗歌发展的各个时期,突出了《诗经》"思无邪"的特点,展现《诗经》在我国诗歌史上的独特魅力,让学生喜欢它,愿意走进它。

　　最后,在明确教学目标的基础上,课堂讲授应该与其他教学方法配合使用。讲授法以教师讲授为主,倘若教师一讲到底,学生被动学习,课堂效果定然不理想。这种单向传授的学习模式必须与朗读法、讨论法、情境教学法等多种教学方法有效结合,才有利于提高学生学习的积极性和主动性,提高教学效率。

　　一堂课下来,教师要综合运用讲述、讲解、讲评、讲演四种讲授方法,并适当地选择朗读法、讨论法、情境教学法等帮助学生理解文章,掌握主旨,把握情感。再以王崧舟老师的《长相思》教学为例,他将诵读贯穿整个课堂,有学生默读、全班齐读,有教师范读,还有配乐朗读等。整个教学过程中,朗读法的使用不下十次。通过反复诵读,学生对诗词的内涵有了更深的感悟,同时也能更好地体会作者想要表达的情感。这样不仅能调动学生参与课堂活动的积极性,还能使学生感受到中国古典诗词的魅力。为了让学生能更好地感悟作者心中惦念的"故园",王崧舟老师还采用了情境教学法。他让学生在脑海中想象故园的场景并诉诸文字,在学生记录的过程中,播放了《琵琶语》这首音乐,伴随着音乐,学生一下子就被带入到作者所描述的那个情境中了。

　　一言以蔽之,讲授是体现教师素养与能力的重要环节,学生能将一个知识点掌握到何种程度,关键在于教师如何引导。讲授表面上是知识的传递与方法的归纳,实质上是素养的体现与能力的提升。实践证明,学生对文本的阅读兴趣往往是靠教师对作品的精彩讲析催化出来的。语文课怎么"讲"没有固定的模式。我们可以有逻辑性地讲、有表现力地讲、结合其他方法多样化地讲。新课程理念下,要把讲授作为基本的教学策略,就应该发扬其优点,改善其不足,提高语文课堂教学讲授的效率,从而使"讲"不再可怕。

第三节　语文课堂评价技能

　　自从中共中央国务院《关于深化教育改革全面推进素质教育的决定》明确提出要"建立符合素质教育要求的对学校、教师和学生的评价机制"以来,对中小学学生学习发展的评价成为素质教育的研究热点。学习评价是语文教学过程中的重要组成部分,它是对学生在语文学习过程中获得的进步和发展即学习成效给予价值上的判断。

　　语文学习评价的内容可以从"知识与能力""过程与方法""情感态度与价值观"三个维度进行,涵盖了"识字与写字""阅读与鉴赏""表达与交流""梳理与探究"这四个领域。

　　知识与能力的评价包括听说读写的能力、自学能力和创新能力。过程与方法的评价中,过程评价主要评价学生是否制定了相关的语文学习计划,方法评价主要评价的是学生在语文学习活动中应遵循的原则和采用的程序、方式与手段。情感态度与价值观评价包括评价学生的个人情感体验以及学生个人与他人合作交流中表露出来的情感体验。

　　不同于其他学科,语文教学目标不只是让学生获得语文知识,更要培养学生听说读写的语文能力,促进思维发展,所以在评价中不仅要列入语文基础知识,还要安排语文能力、思维品质的内容。语文具有整体性的特点,因此语文学习评价不能局限于衡量学生对词句的理解,还要立足于测定学生对课文的整体认知程度。

　　依据不同的评价目的,语文学习评价的表达方式可以是定量的,也可以是定性的或定量与定性相结合的。定量评价是对评价对象的表现或结果用数量来表示或描述,可采用百分制、等第制等形式,也可分为合格、不合格或待合格等。定性评价是对评价对象的表现或结果做质的判断和规定,主要形式是评语,包括书面评语和口头评语。

　　语文课程评价包括过程性评价和终结性评价。所以语文学习评价也要遵循过程性评价和终结性评价相结合的原则。过程性评价往往在教学过程的某个特定阶段进行,便于了解学生在这一阶段的学习状况和存在的问题,贯穿于语文学习的全过程。终结性评价通常在一个学期或更长时间周期的学习结束后进行,便于了解学生在一个完整学习阶段后是否达到预期教学目标,包括学业水平考试和过程性评价的综合结果。

语文学习评价还要遵守纸笔评价和操作评价相结合的原则。前者指的是通过书面测验评价对象,后者是指通过观察学生的实际操作过程进行评价。在信息化的当下,单靠纸笔评价是远远不够的,语文技能、实践能力等有时更适用于操作性评价。

根据不同的评价目的、评价内容以及学生的个体差异,语文学习评价的形式是多样的。可以通过考试(包括口试、笔试)、成长记录袋、观察、面谈、课堂问答、课后访谈、写作、练习、问卷调查、座谈、典型例子分析、辩论、讨论、演讲、表演、操作、展示、专题设计、摘录要点等方式和途径,评价学生的听说读写能力及学习态度、学习习惯、学习方法、学习动机等。①

语文学习评价方式常见的有课堂教学评价、作业评价和学业水平考试评价。由于课堂教学过程中也会设有课堂作业和课堂测验的环节,我们将除课堂作业和课堂测验之外的课堂教学称为常规课堂教学。下面我们将围绕常规课堂教学评价、课堂作业评价和课堂测验评价展开讨论。

一、常规课堂教学评价

《义务教育语文课程标准(2022 年版)》指出,课堂教学评价是过程性评价的主渠道。教师应树立"教—学—评"一体化的意识,科学选择评价方式,合理使用评价工具,妥善运用评价语言,注重鼓励学生,激发学习积极性。

评价语言是教师在课堂活动中对学生的语言和行为进行评判而使用的语言,是教师进行课堂调控的重要手段,是师生沟通的重要途径,是语文教师教学能力、语言技巧和教学机智的综合体现。

教师的课堂评价语要及时有效、恰当准确。教师不能全凭主观认识随心所欲,而要有根据地对学生的学习行为和表现做出真实的反馈。例如教学《将相和》时,可以这样点评:

师:同学们,你们比较喜欢文中的哪个人物?

生:我喜欢赵王!

---

① 张晓愉.语文学习评价探索[D].上海:上海师范大学,2006:50.

师:能说说原因吗?

生:赵王很器重蔺相如,也不会像其他君王一样摆谱。

师:嗯,赵王知人善用,是一个明智的君王。你看到了这一点,可见你也很懂得识别人才啊!

教师的课堂评价语还要关注差异、情感真挚。关注差异是要求语文教师关注学生的个性特征,针对不同的学生可以采用不同的评价策略。针对性格内向、情绪不稳定的学生使用批评时要委婉恰当,避免学生产生消极情绪;对于外向的学生,也要照顾他们的感受,有效选择评价语言;对于不同学业成绩的学生也要有意识地选用不同的评价语。

如某老师在教学《荷塘月色》时,同学们都跟随着老师的思路分析月色下的"荷塘"之美,一位平时学业成绩较差的学生突然插嘴,有了下面的一段对话:

生:老师,你们都在分析朱自清描写的荷塘怎么怎么美。不过我去年到清华大学游玩时,怎么没感觉到它有那么美呢?

师:"一切景语皆情语"。作者寓情于景,借荷塘和月色来表达内心的感受。而你呢,没有像作者那样对它倾注情感,所以看到的荷塘也就没朱自清的美啦。

这位教师并没有因该生不合时宜的提问而恼怒地选择激烈的评价语,也没有因该生的学业成绩不佳而忽视他的提问,而是镇定自若地从学生与作者之间的情感差异做出巧妙的评价,既尊重了这位学生,又用他能理解的语言解答了他的疑问。

情感真挚的评价语要饱含真情,要充满着对学生的关注和关爱。真诚的课堂评价语言可以拉近师生之间的距离,使学生欣然接受老师给予的评价,积极地参与课堂活动,形成轻松愉悦的课堂氛围。某老师在讲授《琵琶行》时,先让一位学生朗读全文,随后就有了如下的对话:

师:同学们,盛同学读得好不好啊?

众生:好!

生1:老师,她读错了几个字音。"声声思"的"思"应该读第四声"sì","虾蟆"念"há má","教坊"的"坊"是第一声"fāng"。我都查了字典的!

师:杜开心同学善于运用工具书,这是很好的学习方法!我记得《劝学》中说过,"君子生非异也,善假于物也"。很开心同学认真地践行了这句话,老师要谢谢你帮我们纠正字音!

该老师的评价语饱含诚意,让学生感受到评价的真实性并认可,提高学习的积极性。

二、课堂作业评价

课堂作业评价是过程性评价的重要组成部分。《义务教育语文课程标准(2022 年版)》要求教师以促进学生核心素养发展为出发点和落脚点,精心设计作业,做到用词准确、表述规范、要求明确、难度适宜。教师要合理安排不同类型作业的比例,增强作业的可选择性,除写字、阅读、日记、习作等作业外,还应紧密结合课堂所学,关注学生校内外个人生活和社会发展中的热点问题,设计主题考察、跨媒介创意表达等多种类型的作业,培养学生自主学习和综合学习的能力。

随着学段升高,作业设计要在识记、理解和应用的基础上加强综合性、探究性和开放性,为学生发挥创造力提供空间。就课堂作业而言,教师要严格控制作业数量,用少量、优质的作业帮助学生获得典型而深刻的学习体验。教师要认真批改学生的课堂作业,针对学生素养水平和个性特点提出意见,及时反馈和讲评,激发学生的学习热情,保护学生的自尊心,尊重学生的个性差异;要对学生课堂作业进行跟踪评价,梳理学生作业发展变化的轨迹,及时反馈不同阶段作业质量的整体情况。

例如:统编本七年级上册语文第一单元第一课《春》的助读系统中安排了三道"思考探究"题,我们在教学中可以把部分题目放到教学过程中,从中发现问题,并在后面的教学中加强引导。如第三题:"作者把春天比作'刚落地的娃娃''小姑娘''健壮的青年',你怎样理解这些比喻? 你还能发挥想象,另写一些比喻句来描绘春天吗?"教师可以在教学过程中引导学生通过诵读、比较、改换等方式品味这些比喻句,体会其表达作用;根据学生的表现相机点拨,在学生理解了这些比喻句的表达作用之后,再引导学生以其他比喻句来描写自己心中的春天。在学生完成系列表达与交流活动后,教师可以借助评价量表评价学生的表现,并选择有代表性的课堂作业进行讲评,帮助学生发现自己作业的优点和不足之处,由此推进对课文内容和写作特色的理解。这样的课堂练习和作业评价活动可以有效培养学生的语言运用能力、思维能力、审美创造能力和学习能力。

三、课堂测验评价

课堂教学中及时的测验能够帮助教师准确把握学生的掌握情况,以便及时调整教学流程,确保教学效果。教师需要提前设置好课堂测试的问题,通常这种测验以客观题为主。根据不同的课堂测试目的,可以将测试分为过程性测试和终结性测试两类。

过程性测试一般是在教学过程中进行的,可以通过课堂提问、测验来实施。这种评价的目的在于了解教学的结果以及学生学习的情况,以便教师及时了解教学中取得的成绩和存在的问题,调整或改进教学工作,最后达到教学目标。终结性测试就是对课堂教学的达成结果进行恰当的评价,指的是在教学活动结束后为判断其效果而进行的评价。除了通过课堂测试来实施,还可以采用自评量表通过学生自评来实施。

语文课堂测验应将三维目标统一起来,将知识与能力置于核心地位,在检查学生知识与能力的过程中,体现出对过程与方法、情感态度与价值观的高度关注。要使测试的结果正确、可靠,尽可能如实地反映出学生的语文素养,燃起师生的教和学的激情,就必须使测验保持适当的难度、区分度,就必须提高信度和效度。所谓提高信度和效度,就是要使测验的结果尽可能达到测验的目的,提高试题与目的的一致性。试题应有一定的数量,适度增加试题的内容与覆盖面,体现梯度。

某教师在设计课堂测验题时,为了提高学生日常口语交际的基本能力,在各种交际活动中学会倾听、表达与交流,初步学会文明地进行人际沟通和社会交往,发展合作精神,设计了以下课堂测验题:

今年年初,我们学校举行了"全校仓颉杯汉字听写大赛"。上周,我们又学习了专题《汉字》,为此老师提议在我们班开展一次以"写好汉字,学好汉语"为主题的班会活动。今天在课堂上老师想让各位同学完成两个口语测试:

(1)如果你是主持人,请你为这次活动设计一段开场白(不少于60字);

(2)一直流行于网络的"囧"字,引起了一些争议。有人认为应该尊重汉字,如果用汉字来恶搞,有损中华民族文化的厚重感。也有人认为关注"囧"这样的生僻字,有利于汉字文化的传播。请问你同意哪一种说法,请说出理由。

第一题,有学生给出的答案是:

同学们,众所周知,语言是一个国家、一个民族的标志,而文字是语言的载体,中国书法源远流长,它是我们民族文化的瑰宝,如何传承和发扬是我们的责任,下面我宣布"写好汉字,学好汉语"主题班会,现在开始!

第二题,有学生的回答是:

我同意尊重汉字,不恶搞。因为汉字里藏着智慧和文化,尊重传统符合中国人的文化心理。恶搞破坏了汉字本身的魅力,汉字的原生态思维会被丢掉。

也有同学这样认为:

我同意关注"囧"这样的生僻字。因为它能让汉字产生鲜活的生命力,催生新事物,增添活跃思维,有利于汉字文化的传播。

第一道测试题要求学生读题要细,明确要求,参透材料,有创意,能展开美妙的想象,在表述上要明确,表达准确、得体并富有层次感。

第二道测试题要求结合具体任务所需要的语境,进行符合交际需要的语言表达练习。本题主要是考查学生在生活实践中进行口语交际或书面表达的能力,也考查学生发现问题、分析问题的思维能力。教学时侧重对语境的分析和语言得体、流畅等的指导和落实。

考点要求:语言表达简明、连贯、得体、准确、鲜明、生动。

这位教师在学生给出各自的答案后,及时做出评价:

通过此次测验,老师有很多意外的收获,同学们能这么好地组织语言并将自己的想法表达出来,而且还说得这么好,我为你们感到骄傲。尤其是徐某某同学,平时给老师的感觉是比较内向,不怎么爱说话的,这次第一个拟好主持人的开场白,用词准确、条理清晰,不知道的还真的以为是哪位主持人在主持节目呢! 真的很棒,为你点赞。对于第二题,我班同学各抒己见,及时发现问题并用得体的语言分析"囧"字的使用现状,由此开始发散思维,以小见大地陈述要关注生僻字和尊重汉字发展的观点,"三观"正、思维清晰,有些观点很有创意,但如果能结合具体实例展开论述,效果一定会更好。总之,这次大家的表现都很好,老师很满意,同学们,你们满意吗?

比起答题本身,学生更在意的其实是老师的点评,老师的肯定与鼓励是激励学生学习的动力。这位老师结合实际情况,从语言运用、思维拓展、价值观等角度展开评价,在共性中找个性,关注到平时内向的学生的进步。同时,这位老师也并未盲目地夸赞,而是将自己的观点通过提建议的方式表达出来,总体上将溢于言表的自豪感传递给学生,充满了正能量。

评价问题贯穿课程改革的始终,也是课程改革成功与否的重要因素。课堂测验评价作为学生评价的重要方式,需要与其他评价方法有机结合起来,多元化的评价有利于全面评价和判断学生的发展状况。结合新课标的要求,建议今后要充分发挥测验的激励和导向功能,探索符合新理念的测试命题、形式,让其充满更多的人文关怀,使其更富有生活情趣。长期坚持,相信语文课堂测验评价一定会成为学生充满快乐的学习历程的一部分。

练 习 题

1. 语文课堂教学中,教师应该如何做好范读?

2. 朗读指导在语文教学中的作用有哪些?

3. 语文课堂教学中,如何发挥教师讲授指导的有效性?

4. 常见的语文学习评价方式有哪些? 请分别举例说明。

第八章　语文教学课件和板书使用技能

当前,信息技术已渗透到社会生活的方方面面,表现在教育领域,最明显的就是多媒体课件的制作和使用。对于以听说读写为主要教学方式的语文学科,多媒体教学课件的直观性、丰富性、灵活性能够相对地减轻语文课堂的单调氛围,有助于激发学生的学习兴趣,促进学生思维的发展。教学课件的介入,很大程度上给传统的板书教学带来了冲击,主要表现在板书使用频率降低、书写随意、字迹潦草等方面。然而,板书在教学中的作用是显而易见的,教师一边教学一边书写板书,通过文本形式塑造教学情景,呈现教学思路。两者各有所长,都有对方不可替代的优势,并不是对立的矛盾体。我们应该合理地运用这两种教学方式,实现优势互补,达到相得益彰的教学效果。

第一节　教学课件设计与使用技能

课件实质上指的是能够实现一定教学功能的计算机软件,是现代课堂教学的重要手段。教学课件设计是教学课件使用的前提,教学课件使用是落实教学课件设计的过程,设计好的课件最终都需要落到使用中去检验它的效果。

教学课件设计得好不一定能够使用得好;倘若设计中就存在问题,使用时肯定也会存在问题;如果使用中出现了问题,很有可能设计时就出现了问题。可见教学课件设计与使用是一个连贯动作,两者共振才能有效发挥教学课件的作用。因此,教学课件的设计与使用应被当作一个整体,不能割裂。

一、当前教学课件设计与使用的不足之处

与其他学科教学课件的应用一样,语文教学课件的使用优点颇多,教师的教学方式因它而灵活、丰富,教学时间因它而实现最优化。一份优秀的语文教学课件既能充分提高学生学习的积极性,又能丰富语文教学内容,甚至深化语文教学的内涵。但不可否认的是,教学课件的设计与使用仍然存在许多不尽如

人意的地方。

首先是机械化地"满堂灌"。借助教学课件的设计与制作,教师要预先安排好一堂课的流程,预先设计好课堂上的主要环节,大大地增强教学活动的计划性,有利于提高课堂教学的效率。但有时在"度"的把握上用力过猛,部分教师过分预设,将自己的备课教案做成课件,检查预习、作者介绍、写作背景、写作特点、修辞手法、参考资料……面面俱到,应有尽有,教师的教学和学生的思路被课件"牵着"走。教师忙着点鼠标,完成课件上的教学步骤,学生忙着看画面,记笔记,几乎没有思考创新的机会。这种"满堂灌"式的多媒体课件代替了教师的板书,代替了语文课本,课件内插入的视听材料也代替了学生的朗读,看似运用便捷,实质上加大了教师的工作量,也更易分散学生的注意力。

其次是定式的理解。一部分教师设计课件时越俎代庖,代替学生的理解,将需要学生回答的问题和答案全部列在课件上,并按照自己的逻辑顺序进行排列,每展开一步教学,就出示一个答案文本或图片,经常配合设计一些动画效果,鼠标每点击一下就能呈现出来一个答案。如此这般,严重影响了学生语文学习的心理过程和个性化思维。以统编本高中语文必修上册第二单元《喜看稻菽千重浪——记首届国家最高科技奖获得者袁隆平》的教学片段为例:

师:(播放课件)请同学们梳理本课的典型事例,概括人物精神品质,帮老师完成这张表格。

人物卡片

请同学们梳理三篇文章的典型事例,概括人物精神品质,填写以下表格:

篇目	人物	人物身份	选取的典型事例	人物精神品质	作者倾向
			1.		
			2.		

师:我们先来找找本则人物通讯选取了袁隆平爷爷的哪些典型事例呢?

生1:找到了水稻雄性不育植株。

师:好的,还有吗?

生2:写信反驳"三不稻"。

师:嗯,好,还有吗? 同学们翻到课文再仔细找找。

生3:发现"天然杂交稻"。

师:嗯,对了,袁老发现了"天然杂交稻"杂种第一代。

(随后,教师走上讲台,点击鼠标,将四个典型事例按顺序播放出来)

篇目	人物	人物身份	选取的典型事例	人物精神品质	作者倾向
《喜看稻菽千重浪》	袁隆平	农业科学家	1. 发现"天然杂交稻"杂种第一代	认真严谨 一丝不苟	高度赞扬袁隆平勇于探索、敢于突破、实事求是、不断进取的劳动品质。
			2. 挑战无优势论,找到水稻雄性不育植株	敢于挑战权威 勇于创新	
			3. 写信反驳"三不稻",用事实说明"杂交稻既能高产又能高质"	坚持真理 实事求是	
			4. 做梦、提出杂交水稻育种的战略设想	心怀天下,矢志为中国和世界人民作贡献	

从这个教学片段可以看出,这位老师将三位同学的点状思维答案拼接在一起,强行凑成完整答案。教师课件上已经预设好了四个典型事例并按顺序排列,他需要四位学生依次回答,然而第一位学生的回答打乱了他的预设。为了照课件设计进行教学,该教师用两个"还有吗"连连追问,学生明显受制于教师,而教师显然又受制于课件,只关注自身的定式理解,对学生提出的课件外的问题避而不谈。

再就是流于形式化。因多媒体技术、现有资料、硬件设施等的限制,教师在课件设计时不可避免地要做一些取舍。当无法找到一些与课文内容相关的重要素材时,为了形式上的完整,有的教师会勉强用类似的相关资料去替代。例如在制作《沁园春·雪》的课件时,一些教师因无法找到北方山原的雪景照片,但不用又感觉形式上过不去,就将就用其他雪景代替,违背了教学内容的准确性。

有的课件形式上是语文,实际是在进行政治、历史等内容的教学。教师看似在进行语文课的生成,实际已经游离开了,只是很多时候自己也没意识到,或者说已经意识到了却"刹不了车"。例如:《兰亭集序》的课件设计,大篇幅地展示王羲之的书法;讲授《琵琶行》,硬是上成了音乐赏析、乐器展示课;讲授《长恨歌》,执着于安史之乱的历史解读;等等。

还有一些课件的设计花样百出,为博眼球不惜将简单的问题复杂化。例如设计一些奇形怪状的按钮、刺眼的文字颜色、夸张的字体、复杂的画面背景、猝不及防的动画效果和刺耳的音响,这些"花样"明显有些喧宾夺主,厚此薄彼,违背了学生特定时间内只能接受主要信息的认知规律,分散了学生的注意力,冲淡了学生对学习重点和难点的关注,实际的教学效果可想而知。

二、教学课件设计与使用的基本策略

基于以上问题,我们有必要对语文教学课件做一些改进,这些改进应该根据语文教学的特点来设计和使用:

(一)要注重对学生语言能力的训练,这是以语文的工具性特点为依据的。语文以语言形式为主要教学内容。对于一些抽象的事物,可以借助图片、音频、视频等直观化的形式,让学生用语言生动形象地描述出来,达到训练学生语言能力的教学目标。如一位老师在《火烧云》的教学课件中插入了不同角度的火烧云图片,让学生欣赏完后用自己的语言对其做描述。这样无形中使学生自发地对抽象的事物有了形象的认识,同时也极大地训练了他们的表达能力。

(二)要具备一定的灵活性,这是以语文的思维性特点为依据的。语文学习的主要内容是语言,而语言是思维的一种表现形式。一句话有表面意思,也可能有深层含义。这就要求课件要以学生的想象力和开拓性思维为着力点,根据教学内容和学生情况灵活设计。语文只有"参考答案"没有"标准答案",对课件灵活应用才有利于从不同角度展示语文的内涵。比如《阿 Q 正传》课件中要求学生们想象一下阿 Q 被枪毙后,他的灵魂在想些什么? 课件没有给出答案,因为答案不止一个,也没有标准答案,而是留有 1—2 张的空白,在课堂上根据学生们的回答现场填写,运用此类灵活性的教学课件能有效地促进学生发散思维的培养。

(三)要注重内容的感染性,这是以语文的情感性特点为依据的。"文为其意,言为其心",语文教学内容本身是具有情感性的。教学课件既要表现课文的本体,也要渲染课文的情感。要想让教学课件具有感染性,首先教师自身在设计和制作课件时要投入情感,一个具备了情感的教学课件才能打动人心,感染到学生。另外,课件制作过程中可以选择一些与课文内容相符的,具有代表性和感染力的相关材料,加深对学生的情感熏陶。例如设计《我与地坛》的教学课件,在第一页便打出"我要扼住命运的咽喉,它休想叫我屈服"的字幕,创设一种震撼人心的氛围,同时配以贝多芬的《命运交响曲》,让教学在初始阶段就充斥着浓烈的情感,给教学开个好头。

(四)要注重资料的丰富性,这是以语文的开放性特点为依据的。语文教学涵盖听说读写各个方面,内容十分丰富,方式也很多样。一方面,语文内容具有极强的包容性,古今中外均有所涉,文理智愚皆有所含,形式上诗词歌赋、小说、散文、戏剧等林林总总;另一方面,语文教学方式的多样性说明其自身是没有局限性的,也没有很强的统一性,我们无法用统一的公式概括语文的特点,无法找到普适性的方法让所有学生适应。这些都是语文课程具有开放性的表现,因此要求制作课件时,教师必须先对文章、教学内容进行深入的分析和归纳总结,对不同知识的教学特点进行深刻理解。比如某老师教学《中国石拱桥》时,课件中展示了桥梁图片,以赵州桥和卢沟桥为例介绍桥梁知识,运用科学数据说明石拱桥在人类文明史上的历史地位和科学含量,加深学生对课文的理解和记忆,从而更好地完成教学目标。

三、教学课件设计的一般流程及方法

语文教学课件的设计主要包括六个环节:准备教案、编制脚本、选择素材、处理素材、制作课件、打包课件。

(一)准备教案

事先准备好教案是课件制作的基础,没有好的教案,就谈不上整体的教学效果,语文课件最终是为课堂教学服务的。

(二)编制脚本

教师设计教学情节时要有脚本。脚本应按教学环节先后逐一排列,包括教师的讲话内容,设想中课件显示的文字、图片、音频、视频、动作等。

(三)选择素材

素材的选择必须紧扣脚本,可以是课文插图、背景资料、音频、视频等。制作课件时要根据脚本选择合适的表现手段,再根据表现手段来寻找和取舍素材。

（四）处理素材

素材的处理同样要按照脚本的需求,根据后期制作时的格式和大小进行加工处理。

（五）制作课件

根据语文课件的难度、形式的要求,以 Power Point 为平台进行课件的制作,为达到想要的表现效果可以给相应情节加上动画。

（六）打包课件

课件制作完成后将课件和所用到的素材一起打包,以便在不同教室的多媒体设备上进行演示。这样做可以使最终的课件脱离编辑环境的限制,以便在不同机器上使用。

具体到不同的部分,课件制作的表现方法和技术要求都不一样。文章标题一般放在语文课件的首页,多以文字直观显示。技术上文字以大号字为主,可给文字加上自定义动画效果或配乐使其变得生动,除此之外,比较常规的操作还有选择一些能够表现文章主题的图片做底图或配图。各教学环节的标题也主要以文字效果为主,加底图,为防止冲淡主题,尽量不加配图。技术上要重点处理不同章节间跳转的按钮,特别是按钮的凸起与按下效果,可酌情添加音效。对于记述性质的情节以文字和图片为主,图片要与背景有机融合,不能太突兀。原理性的情节多以动画形式显示教学内容的内部组成和步骤分解,对于历史资料的处理以视频和照片为主,适当配上文字说明,突出事实感。课文学习环节以文字、有声朗读为主,为调动学生的情绪,可加配背景音乐,这也是古诗词课件常用的方法。对于抒情与议论情节,则以淡化的底图配文字为主,重点突出文字效果。

一言以蔽之,多媒体技术在教学中的应用越来越广泛,语文教师应积极地学习多媒体技术,学习课件制作的方法,积累制作课件的经验,站在学生的立场,制作出有益于学生语文学习的课件,激发学生对语文学习的兴趣,通过合理利用多媒体技术构建语文高效课堂。

四、案例展示

为了更为具体形象地说明多媒体课件在语文教学中的使用情况,我们从湖南省芙蓉教学名师杨华当工作室设计的《琵琶行》课件中挑选一部分进行展示,仅供参考。

此张课件利用图片和精心设计的导入语,吸引学生进入"浔阳江头夜闻琵琶"的意境,让学生快速进入学习状态。

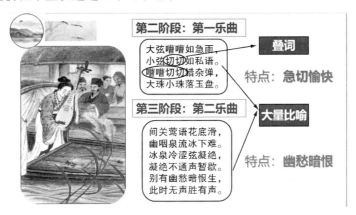

这是文章第二段"江上聆听琵琶曲"的教学内容之一,教师的设计意图是要理清琵琶女演奏乐曲的发展变化过程,让学生总结作者描写音乐的方法。课件中不仅运用了图文并茂的呈现方式,还加入了图形和动画效果,引起学生注意。

教学进入尾声阶段时,播放琵琶曲音频,让学生伴随乐曲朗读全文,将情感再次融入诗歌意境中,与作者、琵琶女共情,在音乐的旋律中感受诗人的情怀,强化学习。

第二节　板书设计与使用技能

板书设计是教学中不可或缺的重要环节,是教学开始和教学结束之间的过渡和纽带,起着连接和调节教学的作用。何谓板书?《现代汉语词典》下了两个定义:①在黑板上写字,如"需要板书的地方,在备课时都做了记号";②在黑板上写的字,如"工整的板书"。可见,《现代汉语词典》是从词性的角度来定义的,"板书"既可作动词也可作名词。北京师范大学刘淼教授从性质、实现形式和作用三方面对板书进行定义,认为"板书是语文教师经常使用的教学技术,指教师根据教学的需要在教学用具(主要是黑板)上以书面语言或符号进行表情达意、教书育人的活动"①,概括和升华了前人的定义。

一、板书的特点

板书具有直观性、概括性、目标性和实用性的特点。直观性体现在教师借助正确的文字符号、图形图表等手段将复杂抽象的教学内容直观地呈现在学生面前。学生通过直观感知具体生动的表象,将抽象化的内容具体化,对教学内容形成科学的概念,弥补教师语言表达的不足。直观性的板书表现形式要求板书设计要注重文句的浅显性、图表的简明性、画意的形象性,便于学生认知。

板书的概括性也称简洁性,板书的界面空间有限,学生对知识的学习集中度有限,要提高课堂的教学效率就必须用简洁概括性的语言符号传递尽可能丰富的信息,让学生能够迅速直接地抓住课堂的重点。板书是教学内容的高度概括,其作用是简明扼要地提示或总结教学点,它是教师教学的思想图,能帮助学生把分散的问题集中化,复杂的问题简单化,杂乱的问题条理化,对教师的授课起到画龙点睛的作用。②

板书的目标性要求教师的教学活动一定要围绕教学目标展开,每一门课程

① 刘淼.当代语文教育学[M].北京:高等教育出版社,2005:281.
② 赵梦.新课程背景下高中语文板书设计的研究[D].西宁:青海师范大学,2015:6.

都有每堂课的教学目标。只有围绕目标,才不会迷失方向,为学生呈现出条理清楚、脉络清晰的板书设计,便于学生清晰地了解本节课所需要掌握的重难点。

板书的实用性是一目了然的,它始终服务于教学,帮助学生梳理、积累知识,更好地理解和把握教学内容。如果板书设计不具备可操作性和实际性,则不利于课堂教学的实施,无法实现既定的预设目标,阻碍教学任务的完成。

二、板书在教学中的作用

板书的这些特点决定了它在语文教学中的作用:

(一)突出教学重点,目的明确。板书是一份微型教案,其中包含着一堂课的精华和重点,在教学中很好地解决了学生抓不住重点的难题。教师呈现在黑板上的内容,学生会自动将其当作重点内容加以记忆,即便错过了前面的内容,通过板书也可以重新连贯,因为板书是一个连贯的、有逻辑的整体。

(二)提供示范性和启发性。一方面,板书的过程是一种演示的过程,是教师思维的直观体现。借助板书,教师能够为学生提供示范。另一方面,板书有利于启发学生进行思考。正所谓"不愤不启,不悱不发",没有启发就没有教学。有学者调查发现,学生喜欢板书的一个重要原因就是板书能够让他们的思维跟着老师的节奏走。比起多媒体课件,板书可为学生提供更多的思考时间,让思维有一个缓冲的过程。板书可以以填空或问答的形式对学生的思考进行启发。如介绍《红楼梦》的人物关系时,可在关系图中空出一些人物,引导学生从已知人物中去推导。

(三)促进知识迁移和复习。迁移是一种非常重要的学习方法,是一种学习对另一种学习的影响,是将习得的经验概括化、系统化的有效途径,能够提高学生解决问题的能力,对学生学习具有重要的指导作用。如指导学生学习《劝学》时,教师可以这样设计板书:

劝学	议论文的写作
总论点:学不可以已	如何提出论点:开门见山
分论点:举例论证＋学习有重大意义	分论点是总论点的一个侧面,分论点之间的逻辑关系不能颠倒。先论证再得出结论
分论点:比喻论证＋学习有重要作用	
分论点:对比论证＋要采取正确的态度、方法	最后对全文进行升华总结

这样的板书不仅让学生理清了议论文的结构,引导学生理解古文行文完

整、结构明了、逻辑清晰的特点,还可以将议论文的写作作为引申点,教学生怎样写逻辑清晰、简洁明了的议论文,实现知识的迁移。

板书还可以帮助学生进行复习。前面已经说过板书是一份微型教案,涵盖了每节课的教学重难点,一个单元或一个阶段学习结束之后,教师带领学生将分散的板书归纳总结,帮助学生回忆所学知识,并将这些知识形成结构,进行系统化的学习,达到良好的复习效果。

三、板书的类型

板书的种类很多。从内容上来划分,有综合型板书即全面系统地反映课文内容的板书,有单一型板书即从一个侧面反映课文某一方面特点的板书;从语言运用上看,有提纲式、词语式等;从表现形式上划分,可以分为文字式、表格式和图示式;从结构上看又有总分式、对比式、分列式、提示要点式等。我们主要介绍几种常见的板书设计类型。

(一)**提纲式**。提纲式板书是指教师仔细研读课文,总结归纳出一节课的要点内容,以提纲的形式展现在板书里,以纲带目,概括全篇。特点是突出概括性和整体性,而且简明扼要,重点突出,便于学生有条理地把握文章内容和层次结构,也能培养学生的分析和概括能力。提纲式板书主要适用于逻辑性强的议论文或层次分明的记叙文和说明文,它是语文课板书设计中最常用的一种板书形式。

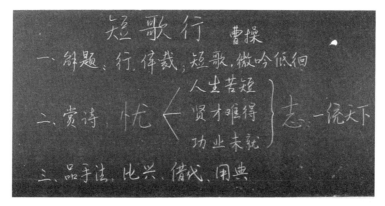

上图是《短歌行》的板书,通过"解题""赏诗"和"品手法"三个部分,提纲挈领地概括了诗歌的体裁、内容和修辞手法,得出诗人想要表达的情感态度。

(二)**图文式**。图文式板书即教师将文字与板书的其他构件,如线条、符号、图形等结合起来所构成的板书,这类板书具有图文并茂的特点。通过图与文的有机结合,一些难以用语言解释清楚的事物能一目了然地呈现在学生面前,形象直观,能长时间地传递信息,具有灵活性,如刘禹锡《陋室铭》的板书:

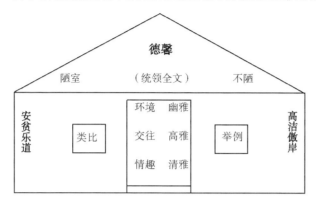

该板书把高度凝练的课文都巧妙地幻化在眼前"陋室"的门窗与屋瓦之内,如此样式的语文图形板书怎能不引起学生的兴趣呢?

(三)线索式。线索式板书是指以文章线索为主体,可以按照文章情节发展、感情变化、时间或地点的转换等不同的线索利用箭头、线条等符号来设计。这类板书的特点是线索鲜明、化繁为简、结构严谨。线索式板书经常运用于小说或者戏剧的教学中,可以将故事的开端、发展、高潮和结局条理清晰地呈现出来,有利于学生从整体上把握文章的层次脉络,理解较为复杂的文章主题。设计线索式板书一定要注意突出主线,使文章的线索成为板书的主体,其余内容不可喧宾夺主。

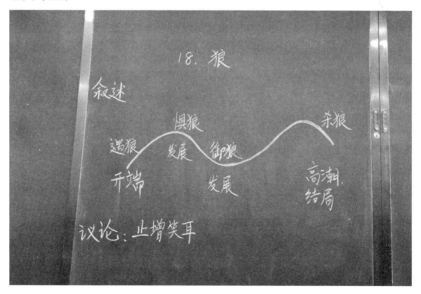

这里《狼》的板书采用的就是线索式的,将文章的时间和事件作为主要线索,呈现教学的主要内容,化繁为简,便于学生记忆和回忆。

(四)回环式。回环式板书是指教师通过对教学内容的分析归纳,找到内部的循环逻辑关系,据此组合成一个封闭的回环系统,由此构成语文板书。此类板书的特点是将文本的抽象内容提炼构成直观的回环图示,这有利于启迪学生抽象思维,理解文章内容,激发学习兴趣。常见的回环式板书类型有圆形回环式、方形回环式、菱形回环式等。这里以《荷塘月色》为例,板书设计以作者的心情为线索,设计方形回环式板书,通过作者的行踪来展现作者心情的变化:

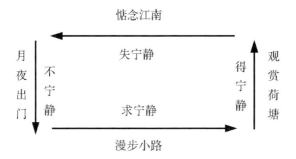

(五)对比式。对比式板书是教师在教学过程中运用对比手法来板书,使内容或对象形成强烈反照,起到强化、深化的作用。通常采用的对比方法有求同法、求异法、纵横对比法、专题法等等,也常常会结合表格来形成鲜明的对比。此类板书比较适用于总结、复习或者单元教学。下面以《卖火柴的小女孩》为例:

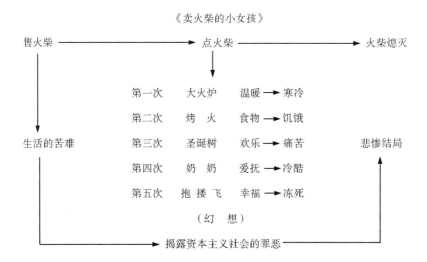

《卖火柴的小女孩》中小女孩的五次擦燃火柴是文章的重点,小女孩在饥饿、寒冷和孤独中借助火柴的火光看到不同的幻象,五次不同的幻象采用对比呈现,形成鲜明的视觉差异,呈现了小女孩一步一步走向死亡的悲惨境遇,揭露了资本主义社会的罪恶,表达了作者对小女孩不幸遭遇的深切同情。

(六)简笔画式。简笔画式板书是指教师通过对教材的内容提炼,在较短时间内,以简练的线条高度概括出文章的人、景、物等形象的一种绘画。图形图画相对于纯文字来说生动有趣,能够激发学生的兴趣。所以简笔画式板书不仅可以打破传统旧版书呆板陈旧的设计模式,又可以集中学生的注意力,活跃课堂气氛,从而激发学生的学习兴趣。如《坐井观天》的板书设计:

(七)综合式。综合式板书在实际教学中也普遍使用,因为实际教学的情况是多种多样的,仅仅采用一种形式的板书难以达到教学的要求,需要将多种板书的形式有机结合,这就成为综合式板书。综合式板书的特点是能够将教学中涉及的零散的知识和内容借助文字、图画、图表等不同的板书形式综合呈现出来,形成系统化、简约化的知识网络,优点是便于学生理解和知识的迁移运用。但设计时一定要注意应该以一种板书形式为主体,其他形式为辅助,这样不至于造成板书形式的相互干扰和杂糅,以免影响板书的整体形象和教学的思路。

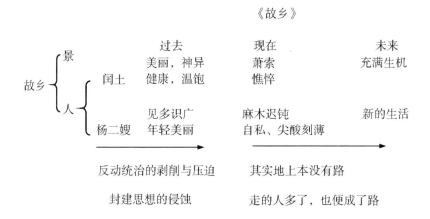

四、板书设计中的常见问题

虽然板书设计类型和优点都比较丰富,但教师在设计和使用过程中常常存在一些问题。

(一)**形式单一**。提纲式是最简单的板书形式,易于操作,多数教师都选择了提纲式。提纲式板书虽然便于设计,也能呈现出一定的条理性、逻辑性,但它毕竟不是万能的,不能适用于所有的文章或者课型。而且,单纯只采用一种形式的板书,不仅在上课时单一无聊,也限制学生吸取多种形式的学习方法。如果只采用一种形式的板书,教师的视野极易受限,久而久之,不利于教学创新和教学方法更新。

(二)**内容混乱**。有些教师忽视板书形式的选择,在语文板书设计上仅仅用简单的文字"见缝插针",在黑板上随手书写,不注重整体格局和内容上的联系,随意性极强。有的教师缺乏对板书的设计,板书的呈现上往往会出现形式贫乏、结构单一、内容混乱、主次不明等问题,不能展现知识的逻辑性和教学思路。有的教师在上课时缺乏课前设计,板书内容空洞,随性而写,只写一些关键字词,甚至一节课下来只板书了课题,板书内容毫无逻辑性,不利于学生把知识串联起来,形成严密的系统性概念。杂乱无章、零碎的文字堆积也会让学生难以分清内容,很难起到良好的引导作用。

(三)**书写不规范**。有的教师课前没有设计板书,导致在书写板书时随意性很大,左边一堆右边一堆,没有科学地设计板书;有的则是字迹潦草、凌乱不堪,导致学生根本看不清板书内容。这样的教学不仅是对学生不负责的行为,教师也难以提高自身的教学水平,长久下去会形成恶性循环。

（四）缺乏学生的参与。教学是一个教学相长的过程，教师一个人的思维毕竟是有限的。教师是有经验的个体，能给学生带来很多固有的方法；学生思维活跃，也能结合原有的知识和经验，参与到板书创作中来，给教师传统的观念加入新的想法——新旧观念的碰撞必然会产生新的思维火花。所以，师生合作完成板书的创作也是合作交流学习的成果。然而，教师队伍中很少教师有与学生合作完成板书的意识。

（五）过分依赖多媒体板书，淡化传统板书。随着新课程的推进，自主探究式和合作式学习方式得到大力推广，大部分语文教师在课堂上经常性选择使用多媒体板书。不可否认，多媒体技术能给教学带来很多好处，但是如果教师不能很好地把握度的话，多样化的形式在课堂上很容易喧宾夺主。对多媒体技术的过分依赖，使得很多年轻教师不知如何设计传统板书，传统板书的地位岌岌可危。

五、板书设计的改进策略

鉴于以上问题，在今后的板书设计和使用中，我们需要从多个方面做出改进：第一，要增强教师使用板书的理念，从根源上降低他们对多媒体板书的依赖；第二，采用多样的板书形式呈现教学内容，多样化的板书形式可以为教师设计板书提供新思路、新方法，开阔视野，从而给学生带来更多新想法和新思维；第三，要增强内容性，板书设计之前必须明确本节课的教学重难点和教学目的，并将主要内容体现在板书之中；第四，要规范书写，教师在书写板书时，要做到文字正确、清楚和美观；第五，要加强师生合作，共同完成板书，观念上教师要认同师生合作完成板书的方式，行动上引导学生通过填、比、仿等方式一起完成板书，帮助学生掌握学习方法，提高学习积极性。

那么，如何设计一份既有实用价值，又有审美价值的语文板书呢？我们主要从文字、语言、内容、结构等角度做一些要求。上文已经提到，板书时文字要力图正确、清楚和美观，具体要求做到"三要"：一要做到正确规范，即不写错字，不写繁体字、异体字、被废的简化字；二要做到端正清楚，不潦草难辨，影响学生学习；三要做到漂亮优美，给人以艺术享受。叶圣陶先生说："实用的写字，除了首先求其正确外，还须求其清楚匀整，放在眼前觉得舒服，至少也须不觉得难看。"[①]板书的文字既属实用的字，又属艺术的字，更应做到叶老所说的要求。

---

① 彭小明.论语文板书的要求［J］.淮北煤炭师范学院学报（哲学社会科学版）,2006（1）:156－159.

另外,文字写对、写清、写好也是语文教师的基本素质。语文教师肩负传授祖国语言文字的重任,应起身教、示范作用。

语言分为书面语和口头语,属于书面语的板书要做到准确、简洁和生动。准确,是指语言能正确反映课文的内容和施教者的教学意图;简洁,是指语言概括精练,不拖泥带水、不啰唆重复;生动,是指语言具体形象,富有趣味性。语文板书对语言的要求更为严格,因为语文课首先是"语言课",其首要任务在于教会学生理解、使用祖国的语言文字,所以语文板书的语言应起"榜样"作用。

板书的内容倘若集错误、零乱和缺漏于一身,必定影响板书的表情达意,以致误人子弟。语文板书要发挥其"服务于教学"的作用,首先取决于内容的准确性、完整性和系统性。准确性是指板书内容要准确无误地反映教材,体现教师的教学意图。具体地说,板书表达的知识要正确、再现的信息要准确、提供的资料要无误、揭示的主题要客观,并且又能准确深刻地体现施教者的思想情感。完整性是指板书内容完备全面,体现课文的整体性。当然在整体性的前提下,要突出重点,做到整体性与重点性的统一。系统性是指板书内容内部联系紧密,系统有序,条理分明,逻辑性强。板书内容的系统性,对学生把握文章的整体结构、了解作者的行文思路,培养学生整体思维能力有其重要意义。如《梅岭三章》的板书:

梅岭三章		
小序	交代背景,说明写作缘由	无产阶级革命家的英雄形象
诗眼	"断头今日意如何"总领全篇	
第一章	面临牺牲,立下革命到底的誓言	
第二章	回忆征程,表达革命必胜的信念	
第三章	展望未来,抒写革命的崇高理想	

板书完整地呈现了《梅岭三章》这首组诗的主要内容,准确地反映了诗文完整的系统,思路清晰、结构严谨。

板书之所以能给人以美感,除了内容的科学美之外,还在于板书内部结构安排得严谨、有序和巧妙,这便是板书结构的要求。严谨是指板书布局合理、构思严密,内在联系缜密而富有逻辑性。有人说"板书是知识信息,科学的系统的编码",这一编码要求严谨缜密。有序是指板书内部联系有条有理、秩序井然，富有顺序性。这一点既体现了课文作者有条不紊的思路，又表现了教师授课井然有序的教学思路，对指导学生"学习思路"产生深刻影响。巧妙是指板书构思、构图自然巧合、妙趣横生，给人一种"既在意料之外，又在情理之中"的美感，如《荆轲刺秦王》的板书：

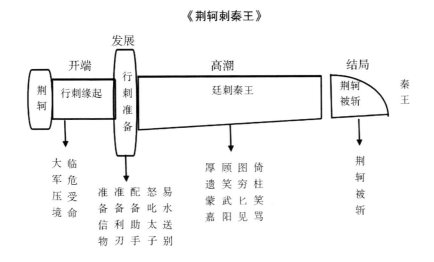

《荆轲刺秦王》

第三节　协调使用教学课件与板书技能

通过前两节的分析可以看出，教学课件和板书都各有优点和不足。任何一节语文课都是多种教学因素的综合体，不管是多媒体课件还是板书的运用归根结底都是为教学服务，语文课堂急需将两者有机融合，协调使用，扬长避短，实现教学最优化。如何实现教学课件与板书的协调？可以从学情和文本特征这个两个方面来考虑。①

一、依据学情设计

多媒体课件能够集图片、音乐、视频等于一体，能够让一些难以理解的知识

① 杨燕丽.多媒体课件与板书设计在高中语文教学中的对峙与磨合[D].苏州:苏州大学,2011:28－42.

通过图片的方式生动形象地表示出来;能够激发学生的学习兴趣,使课堂呈现轻松愉快的氛围。年级层次越低,对于直观明了、形象化程度比较高的要求就越高;反之,对于年级层次较高的学生,他们需要的是具有思辨性、比较有内涵深度的思考,这时他们就不需要形形色色的图片或者视频来辅助他们形象上的理解。随着年级层次的不断升高,教师选用的教学辅助工具也要相应改变。对于年级层级较低、逻辑思维比较低的学生,教师要多采用多媒体课件的形象生动性来进行教学;而对于年级层次较高、已经具备较成熟的逻辑思维的学生,教师要多采用简洁明了的板书设计来进行教学。所以从层次上看,随着学生年级的增长,课件要呈递减性,板书则呈递增性。

尽管说教育部门已经颁布具体的文件,禁止学校进行优差班的划分,但"上有政策,下有对策"的现象还普遍存在。大多数学校还是根据学生本身学习能力的差别而进行不同的定位。同一位教师如果在不同的班级用相同的教学工具进行教学,很多时候是达不到想要的效果的。比较科学的做法是优班以板书为主,普班以课件为主。

文科生和理科生的差异性也决定了在教学工具的使用上要有所区分。文科生思维比较感性和活跃,理科生思维比较严密和谨慎。在文科班进行语文教学时,语文教师尽量少用多媒体课件,减少展示时间,给学生多一些思考时间,教学以板书设计为主,能够锻炼文科生对问题思考的连续性和完整性,培养学生逻辑理性思维。而对于理科生而言,每天上物理、化学等课,大多情况下比较沉闷,语文课可以成为他们换一种思维方式的课堂,如果这个时候语文教师还是喋喋不休地口头授课,会造成学生文字学习上的疲惫,他们会更加倾向和数字打交道,毕竟数字不会那么烦琐。这种情况下,如果语文教师采用多媒体课件来授课,课堂的情形就会大有转变,多一些图片说明来代替文字讲解有利于提高学生学习语文的兴趣。所以,对文科生要以板书为主,对理科生则以课件为主。

二、依据文本特征设计

根据中学语文考纲的基本要求,在记叙文文章的教学过程中,学生要能够根据教师的指导,自主地找出所学文章的记叙要素,还要能够根据记叙线索归纳出文章的中心思想,升华文章的主旨,以便更好地深化自己的情感认识。在如今的语文课堂中,大多数语文教师借助多媒体课件的方式,把一篇记叙文从头到尾地搬到屏幕上面去,课后学生只是记得了这个人和这个故事。但语文教学要求的是学生在了解作者讲述的事情后,脑海中要形成一个完整的框架,而不是一个笼统模糊的故事情节概要。为实现教学目标,教师可以在记叙文的教学中,用课件呈现内容,同时结合板书展示框架。

大多数学生不是很喜欢说明文的学习,觉得枯燥乏味。因为说明文是以介绍说明为主的,没有太多吸引人的情节或能够引发学生情感共鸣的语句。另外,说明文的语言具备准确性、平实性、周密性和科学性等特点,没有华丽的语言或优美的句子能够令学生细细地品味,过于正式的、平凡的语句只能让学生反感。基于此情况,语文教师该如何上好说明文的课? 首先语文教师可以借助多媒体课件展示一些相关事物的图片,先让学生在感性上有一个大概的认识,化抽象为具体。感性上的认识之后,要进入到理性的学习层次,教师就可以借助板书来整理其顺序,让学生能够一目了然地了解文章结构和内容层次。所以说明文的教学应采用课件演绎抽象,运用板书归纳具体。

作为讲道理、辨是非的文体,议论文最能吸引学生的注意,它能在语言及情感上激起学生的学习兴趣。教师可以此为基点,试着不用课件,通过提问的方式激发和引导学生进行思考,并及时把讨论结果写在黑板上。议论文只要让学生信服,主旨基本就把握住了,板书的教学方式更有利于实现"以理服人",所以议论文教学可采用板书为主、课件为辅或不用的策略。

三、多媒体课件与板书协调使用案例

如何具体协调使用多媒体课件与板书进行课堂教学,这里以张黎的教学案例为参考。张黎对贵州具有一定代表性的地方县级高中语文教学多媒体与板书的使用现状进行了调查,并通过设计《雨巷》与《记梁任公先生的一次演讲》两节课的教学案例,对多媒体与板书的综合运用进行了尝试。本书选取其中的《雨巷》作为示例。①

1. 教学目标

①理解诗歌的意象及意境,分析意象的象征意义。

---

① 张黎.贵州县级高中语文教学多媒体与板书使用现状及策略研究[D].贵阳:贵州师范大学,2020:46－51.

②通过反复品读,感受诗歌的韵律美。

③背诵全诗。

2.教学重难点

分析诗中"雨巷""我""丁香一样的姑娘"的象征意义和表现手法。

3.教学时间

1课时。

4.教学方法

讲授法、分析法。

5.教学过程

(1)导入

《雨巷》是戴望舒的成名作和代表作,诗人也因此被称为"雨巷诗人"。今天我们来学习这首诗。(板书:雨巷、戴望舒)

说明:打开多媒体课件,在液晶显示屏上打开《雨巷》图片,接着结合图片进行简单的语言导入。利用图片、图画导入新课,给学生营造了学习氛围和课文情境,让学生有直观的感受,并产生联想,为更好地理解课文奠定基础。

(2)朗读课文,初步感知

说明:全体学生朗读诗歌,当学生读到"彳亍""颓圮"时,在黑板上写下这两个词及其读音。学生朗读结束后,引导学生积累黑板上的生字词。在黑板上书写这两个词能加深学生的印象,教师规范的字体对学生有积极的影响,给学生树立学习榜样。(板书:彳亍、颓圮)

(3)评价总结

对学生的朗读进行评价,引导学生结合诗句掌握诗歌的感情基调,总结朗读方法。在学生代表朗读、教师范读后,教师播放名家朗读音频。

说明:语文的学习方法就是朗读,通过一定的朗读,才可能真正达到对课文的理解,完成欣赏目标。语文老师在课堂上要开展阶梯性的朗读教学,让学生了解朗读的要求,掌握朗读的技巧,通过朗读把课文的情感表达出来。教师通过范读让学生再次感受课文情感,产生情感共鸣。而利用多媒体播放名家朗诵,就让朗读教学更上一层阶梯,通过多媒体课件入情入境地诵读,从而使其情感充分流淌出来,流向学生心中,让学生在不知不觉中开始学习,在潜移默化中理解知识,在朗读环节中感受到作者所营造的"彷徨""哀怨""寂寥"的感情,在循序渐进中掌握技能,在春风细雨中提升思想。

(4)组织学生跟着PPT图片与背景音乐朗读

说明:学生在经过以上朗读环节后,内心的情感已控制不住要溢出来,这时教师再巧妙地设计这个朗读环节,让学生跟着PPT播放的有关《雨巷》的图片以及背景音乐朗读,让学生在创设的情境中通过朗读释放情感,达到学生、教师、作者、阅读文本的多重对话,完成朗读教学目标。这个朗读环节充分调动了学生的视觉、听觉系统,学生更能把自己带入文中与作者产生情感共鸣,为更深入地理解课文打下基础。

(5)引导学生找出诗歌中的意象

PPT展示题目

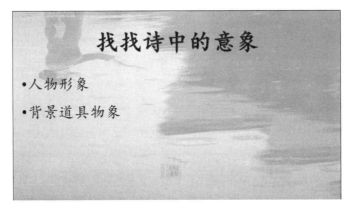

明确:PPT展示答案

（板书：我、丁香姑娘、雨巷）

问：诗人如何将意象与情感结合在一起，比如诗人为什么把丁香与"愁"结合在一起？

PPT展示丁香花图片，简述丁香花的特点，与学生一起探究。

明确：整首诗歌充满说不清道不明的朦胧意境主要源于"丁香"二字。丁香形状像结，系住人的愁思而不得脱，"芭蕉不展丁香结，同向春风各自愁"，丁香花开在暮春时节，易凋谢，更添一丝愁怨；它开花为白色或紫色，象征着高贵、圣洁。

说明："丁香"是这首诗的主要意象，但是很多学生没有见过丁香花，没办法将丁香花的特征与诗歌的情感结合起来，使用多媒体展示丁香花的图片，让学生观察丁香花，再结合教师的讲解，有助于学生理解课文。而"雨巷""油纸伞""颓圮的篱墙"这三个意象建立在学生已有的知识经验上由学生通过想象来阐述。

（板书：美丽、圣洁、愁怨）

（6）思考探究，PPT 出示题目

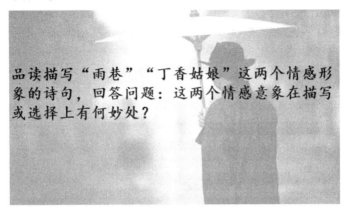

明确："丁香"是纯洁、美好的象征。丁香的花是白色的,也有紫色的,花型特别,一结一结的,俗称为丁香结,丁香花因此与感伤、愁绪联系在一起,文人作者用此抒愁。"雨巷",小巷本来就让人感到幽深、寂静,再加上蒙蒙的细雨,更是充满了朦胧美,象征着作者寂静忧郁的心境。

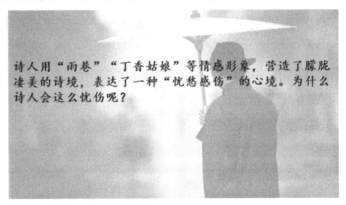

针对这个问题,现在有两种看法。一种认为诗人为失恋而忧伤,在诗人年轻的时候爱恋着同学施蛰存的妹妹施绛年,但追求失败了,当时的戴望舒十分痛苦。另一种认为诗人为破灭的理想而忧伤,在 1927 年,蒋介石发动"四一二"政变,汪精卫发动"七一五"政变,反动派对革命者宁可错杀一千、绝不放过一个的血色恐怖,使诗人这样的知识青年陷入迷惘之中,找不到出路。同学们赞同哪一种观点呢？大家可以结合诗人当时的境遇、性格等多方面表达自己的想法。

明确：梦一般的姑娘,寂寥的雨巷,都凄清迷茫,有强烈的象征意义。雨巷的泥泞阴暗,没有阳光与温暖,狭窄破败,正是沉闷窒息的黑暗现实的写照;皎洁妖媚又带着苦涩的丁香花一样的姑娘正是希望与一切美好事物的假托,美好却脆弱。

说明:用多媒体出示题目,有助于学生反复浏览题目,帮助学生思考,也有助于学生在忘记题目时再次浏览题目,同时节省了板书题目的时间。梳理象征意义,书写板书。

(7)再次播放朗读背景图片与背景音乐,学生朗读,结束课堂

说明:配乐朗读不仅能训练学生的朗读能力,还能帮助学生感悟诗歌意境,通过朗读抒发感情,与作者产生心灵的碰撞。

(8)课后作业

挑选诗歌中自己喜欢的意象写一篇不少于500字的短文。

(9)课堂板书

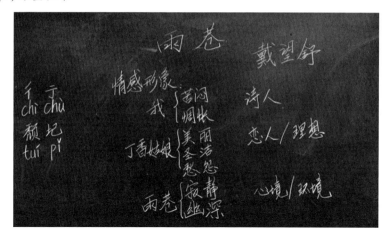

《雨巷》是戴望舒的一首新诗,意境朦胧,整首诗充满了哀愁。学习诗歌的主要方法是朗读、品读、赏析。本节课主要引导学生诵读,把握诗歌意象,领会诗人的情感,培养学生对诗歌的感悟力和理解力,提高学生的鉴赏能力。为了让学生在朗读上有更深的感悟,教师在学生朗读后播放名家朗读音频,提示学生注意阅读节奏,边听边做标注,感受诗歌情感。在课堂结尾,教师又播放忧伤、哀愁的背景音乐让学生再次朗读诗歌。此时,学生经过诗歌意象赏析、情感感染,已经掌握了诗歌的感情基调及阅读技巧,通过背景音乐的渲染,学生更加投入感情朗读诗歌。名家朗诵音频及背景音乐发挥了多媒体整合教育资源的优势,使学生产生共鸣,进而催生同样的情感。这首诗中的意象是“丁香姑娘”

"雨巷""油纸伞"等,感情基调是寂寥、忧伤、哀怨、惆怅的,因此在课件设计上教师主要以与课文意象相关的图片作为背景图片,每一页展示的内容不多,主要用来设置问题给学生思考、探讨。板书则是"学生说,老师写"的一个思维过程,体现了师生、生生之间交流互动的过程,在这个过程中,有学生的自主、合作、探究活动,也有师生互动交流活动,学生的思维活跃了,课堂就活跃了。

练　习　题

1.教学课件在语文课堂教学中有什么优势?

2.传统板书设计有哪些类型?

3.语文课堂教学中,具体从哪几个方面协调课件与板书的使用?

4.请自主设计一篇课文的板书和课件。

第九章　语文说课与听评课技能

完整的教学过程应包含"设计教学方案—介绍教学设想—实施教学过程—检验教学效果"四个阶段,教师应在备课环节设计教学方案,在说课环节介绍教学设想,在授课环节实施教学过程,最后在评课的过程中检验教学效果。在教学研究的过程中,"说"和"评"的双边活动能够有效提高教师的教学素质,因此,说课和听评课都是教师必须掌握的基本教研技能。

第一节　说课技能概述

说课是教师将教学构想转化为教学活动之前的一种课前预演,最初是1987年河南省新乡市红旗区教研室推出的,现在是集体备课等教研活动中不可缺少的环节,也是教学比赛和教师招聘中常见的考核形式。作为教学研究的有效形式,说课一般先由授课教师在充分备课的基础上讲述自己的教学设计及其理论依据,经由同行或评委听评课后提出改进意见,再由授课教师修改、完善教学设计,实现高水平、高层次的教研。

一、说课及相关概念辨析

说课是教师在备课的基础上,依据课程标准、教学理论和教学实际,运用口头语言的表述形式,面对领导、评委或同行系统述说教学设计及其理论依据的一种教学活动,一般时长规定在15分钟内。简单地说,说课就是回答"怎么上""为什么这样上"的问题,它的核心在于说理。接下来对容易与说课相混淆的几个概念进行对比辨析:

1.试讲和说课的区别

试讲就是像平时老师上课一样,即使教室内没有学生,只有考官,也要把他们当学生,模拟给他们上课;说课是阐述教学内容的备课思路、教学安排及其理论依据,其形式不是上课而是"说明"。

2. 备课和说课的区别

备课是教师在吃透教材、掌握教学大纲的基础上精心写出教学设计的过程,它有明确的教学目标、具体的教学内容、连贯而清晰的教学步骤等内容;说课则是教师在总体把握教材内容的基础上,说出在教学过程中教师对各个环节具体操作的想法和步骤及其理论依据。简单地说,说课主要是回答了自己为什么这样备课的问题。因此,说课教师不能只按照自己写好的教学设计直接对上课的环节做简单概述。

3. 授课与说课的区别

授课是教师在特定的环境中,依据教学设计进行教学实施的过程。授课有具体的教学对象、真实的师生互动,是常规的教学实践活动。说课则是由说课教师给同行或评委唱"独角戏"的一种教研、考核形式,侧重于理论阐述。说课和授课的区别如下表所示:

说课和授课的区别

	说课	授课
对象	主要面对教师或评委	主要面对学生
目的	提高教师知识水平与教学能力	全面提高学生整体素质
内容	运用教材及相关教育科学理论	运用教材
方法	以教师自己的解说为主	以教师的指导和学生的学习为主

二、说课的基本内容

说课有相对固定的基本内容,主要包含说教材、说学情、说教学目标及重难点、说教法学法、说教学过程、说板书设计六部分,接下来详细介绍各部分说课内容。

1. 说教材

说教材是说课者阐述自己对教材的理解和分析,重在挖掘教材的知识价值、能力价值和思想价值。具体需要说明的内容有:

(1)本课在整个教材体系或本单元教材中的地位和作用;

(2)教材编排的意图和特点;

(3)本课涉及的主要知识点、能力点及其与前后的联系;

(4)确定本课的重点、难点及依据。

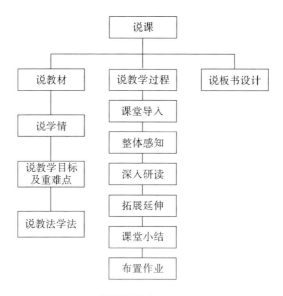

说课的基本内容

【案例 9 - 1】

《雷雨》的"说教材"

南昌师范学院 2020 级汉语言文学七班 刘怿婕

《雷雨》是统编本二年级下册第 6 单元的第二篇课文,讲述了夏季时节雷雨到来的前、中、后三个时期的景物变化,通过对大自然景物变化的描写揭示了"大自然的秘密"这一单元主题。

《雷雨》在文章结构上采用并列式解构雷雨过程中的景物变化,逻辑清晰、层次分明,按照"雷雨前—雷雨中—雷雨后"的顺序记叙,分三部分阐述"雷雨"这一自然现象。文中多为白描短句,写景特征鲜明,引人入胜,生动再现夏季时分雷雨特征的同时,借助课文插图,从学生的生活实际出发,引导学生阅读、体会、感悟课文内容,激发学生观察生活的乐趣和热爱自然的情感。

教师点评:案例 9 - 1 中的"说教材"阐述了本课的单元价值和知识价值,涵盖课文内容、写作特点、课文意义等内容,指出了学习本课文对学生知识建构和情感教育所起的作用。

2.说学情

教研活动中的"说学情"可以从学生认知和思维特点、生活与知识的储备、兴趣点等方面来进行阐述。在没有真实授课对象的教学比赛和教师招聘中,

"说学情"只需简单介绍本课学生的年龄特点和心理特征即可。

3.说教学目标及重难点

教学目标和重难点应依据教材分析和学情分析,并与后文的教学过程设计相呼应。需要注意的是,如果说课时间有限,此处可以不再复述教材分析和学情分析,简单用"基于以上内容,我设计了本课的教学目标"这一过渡语进行衔接即可。

4.说教法学法

说教法指的是说课者根据本节课的教学内容和学生特点说明本课教师采用的教学方法及其理论依据,以及突出重点、突破难点的方法和理由。

说学法指的是说课者结合教学内容和学生实际,说出本节课教给学生哪些学习方法、培养学生哪些能力,也称为学法指导。教师应根据说课时长适当加入一些说明,如:如何根据教学内容指导学生、要让学生掌握怎样的学习方法、为什么要掌握这个学习方法、怎样指导学生掌握好这种学习方法等。

需要注意的是,教法和学法要在教学过程中一一体现。此外,说课教师在这一环节可补充说明本课所使用到的教学技术手段,如多媒体的运用及其依据。

5.说教学过程

说教学过程即说出自己的教学思路及理论依据,需要说出完整的教学程序,主要是围绕"课堂导入—整体感知—深入研读—拓展延伸—课堂小结—布置作业"等环节,联系教材内容、教学目标、学情和教学方法等,说明其理论依据。

说课时间允许的情况下也可以说明各教学环节的时间分配以及这样安排的理论依据,各教学环节之间的衔接和过渡等内容。

6.说板书设计

说板书设计主要介绍本课采用什么结构的板书形式,如文章结构提纲、人物形象提纲、情节发展提纲等。除此之外,还可以说明该设计的美感特征,如简洁美、含蓄美、缜密美、形象美等。

三、说课的测评要素

说课作为中小学教师招聘的面试形式之一,也常见于各类教学竞赛。说课的每一过程都要围绕"说"展开,虽然有相对固定的内容,但其顺序安排是没有固定模式的,且要求有详有略,突出重难点和理论依据。值得注意的是,说课应以书面语言为依据,辅之以肢体语言,用口头语言呈现测评教师的教育理念、教学技能与教学智慧。对其测评的具体内容如下表所示:

表9-2 说课的测评项目及具体内容

测评项目	测评内容
说教材	1.简要、准确地说明本节教学内容的结构特点、地位和作用,创造性地处理和利用教材 2.教学内容突出重点,把握难点,合乎内容要求
说学情	学情分析准确、恰当,采取的措施合理到位
说教学目标	教学目标表述明确、具体、完整,有合理依据
说教法学法	1.教学方法选择有明确的理论依据 2.学法确定符合具体学情,重视学法指导,且有具体依据 3.教学方法切实可行,能调动学生自主学习与发展的积极性 4.教学手段的运用科学、合理
说教学过程	1.教学过程中教学步骤清晰、自然、逻辑性强 2.课堂教学结构合理,符合课程要求和学生实际,可操作性强 3.适时启发引导,重视学生参与 4.教学环节(如提问、设疑、演示、阅读等环节)有明确有效的设计意图 5.课堂反馈针对性强,有利于知识的掌握、能力的提升
说板书设计	板书字迹工整、内容有序、布局合理
教学基本功	1.普通话标准流利、语言规范简洁、逻辑性强 2.着装得体,举止大方,教态自然 3.遵守时间

第二节 语文说课稿撰写技能

本节以统编本七年级上册《次北固山下》的说课稿为例,学习并思考以下内容:第一,了解说课稿的一般样式;第二,认识到说课既不是宣讲教案,也不是浓缩课堂,更不要等同于试讲;第三,思考如何对说课内容作详略取舍,详讲教学过程中重难点的突破及其理论依据;第四,注意各教学环节之间的衔接和过渡;第五,学习说课稿的撰写要依据教育理论,但不能空谈理论。

【案例 9 - 2】

《次北固山下》说课稿

大家好,今天我说课的课文是《次北固山下》。下面,我将会从说教材、说学情、说教学目标及重难点、说教法学法、说教学过程和说板书设计这六个方面展示我的教学设计,具体内容是这样的:

一、说教材

《次北固山下》是统编本七年级上册第一单元第四课《古代诗歌四首》中的第三首。该单元以"四季美景"为主题展开。日月经天,江河行地,春风夏雨,秋霜冬雪,大自然生生不息,四时景物美不胜收。本单元用优美的语言,描绘了多姿多彩的四季美景,抒发了亲近自然、热爱生活的情怀。

《次北固山下》是一首五言律诗,主要写诗人在旅途中的所见所感。诗人途经北固山,停在山下,看到青山绿水、潮平风正、海日江春等景象,又看到了北归的大雁,表达了诗人享受山水宁静之美的自足和淡淡的思乡之情。"景中有情,情中有景,情景交融"是大多数诗歌的特点,同样也是这首诗最大的特点。

学习本文,在学生学习诗歌情景交融的表现手法以及体会诗歌优美的意境,品味赏析诗句,培养想象力和语言表达能力等方面有着重要的意义。

二、说学情

本课的教学对象是七年级的学生,七年级的学生普遍喜欢古诗词,但对文言阅读有畏难心理,学习较被动,一般等待老师的讲析。学生已学习过一些古典诗歌,大多数学生能够在老师的引导下借助注释等疏通文本,可以抓住学生学习诗歌的热情较高,也很有音乐和文艺表演才能及欲望的实际,借助音乐的功效调动学生积极性,通过小组合作探究等形式使学生更充分参与课堂学习,帮助他们主动去学习鉴赏,真正成为学习的主人。

在生活阅历上,学生对山水之美和思乡均已经有了一定的情感体验,有利于学生对本诗的理解。

在知识和能力方面,本班学生掌握了基本的读诗歌的方法,但是未能很好地读懂诗歌。前一阶段,我已向同学们介绍了诗歌的相关基本文学知识,本课主要是检测同学们对诗歌的理解和鉴赏能力。另外,在前一阶段的诗歌朗诵中,发现学生们一般不会投入情感去朗诵,这对于理解课文来说又是另一个障碍。本课希望通过各种朗读形式来培养一定的朗读能力,以朗读促理解。

另外,本班学生具有较好的完成课前预习的能力。

三、说教学目标及重难点

依据以上内容,我将本课的教学目标确定为以下三点:

1.诵读诗歌,理解诗歌内容,掌握鉴赏古代诗歌的方法。

2.体会诗歌优美的意境,品味赏析诗句,培养想象力和语言表达能力。

3.学习诗歌情景交融的表现手法,感受诗人享受山水宁静之美的自足和淡淡的思乡之情。

结合本课的特点和学生的实际情况,我将本课教学重点确定为体会诗歌优美的意境,品味赏析诗句,培养想象力和语言表达能力;难点确定为学习诗歌情景交融的表现手法,感受诗人享受山水宁静之美的自足和淡淡的思乡之情。

四、说教法学法

(一)教法

结合教材和学情分析,我确定本节课教法的指导思想是:想方设法引起学生的注意,激发学习兴趣,引导学生热情参与。具体方法有讲授法、问答法、小组讨论法等。

(二)学法

授人以鱼,不如授人以渔。在全面推进课程改革的今天,课堂上不仅要传授文化知识,更重要的是教给学生科学的学习方法,为他们今后继续教育或终身教育打下基础。所以在教学过程中我注意渗透学生学法指导,贯彻的指导思想是"把学习的主动权还给学生",教是为了不教,教给学生学习的方法要比单纯的知识传授要重要得多。

因此,我在设计本课教学时,力求让学生更多地接触文本,把发现、体验、感悟、交流的权利还给学生。倡导"自主、合作、探究"的学习方式,具体的学习方法是朗读法、讨论法以及自主探究法,其中,讨论法很重要,意在培养和激发学生的学习兴趣。这种方法的最大特点是训练学生的思维能力,培养学生的口头表达能力。

五、说教学过程

首先说课前准备:课前让学生预习课文,搜集一些有关诗人王湾的历史资料;教师课前把搜集的《江南意》制作成教学课件。

其次说课堂教学。课堂教学分成 7 个环节:

环节 1：导入新课

在导入环节，我会结合本单元都是关于自然美景的前几篇课文进行导入，播放音频设置情境，激发学生学习的热情，使之感受汉语声韵之美。

【设计思路】刘国显在《开讲艺术》中说："它起着从旧知到新知的诱导作用，起着诱发学生学习新知的兴趣乃至激情的作用。"因此，我设计的导入环节，希望通过对于已学过的本单元其他课文的回忆，配以诵读音频播放，以激发学生兴趣，引导他们进入到一种积极的学习状态中来。

环节 2：诵读感知

这一环节主要分为五个部分。

1.播放诵读音频，让学生注意把握好重音和停连并做标记，感受汉语声韵之美。

2.让学生自由诵读（教师巡视指导）；

3.请两个学生（一男一女）诵读，请其他同学评价；

4.教师点评，并总结五言诗的诵读节奏一般一句三顿，"二/二/一"或"二/一/二"句式。逗号稍短促，句号稍拖长。

5.全班配乐齐读。

学生通过课前的预习和刚才的朗读，对本诗歌已经有了一定的了解。让同学用自己的话说说这首诗的大意，言之成理即可。

【设计思路】通过各种不同的朗读形式来培养一定的朗读能力，以朗读促理解，并使学生充分感受汉语的声韵之美。张志公老师曾在《怎样锻炼思路——谈文章的结构》一文中写道："粗读一遍的目的在于对这篇文章能够'粗知大意，得其梗概'。"学生只有理清文章的结构组织，才能对文章有一个比较清晰的印象，再去细读，才能使自己的思路和作者的思路合拍一些。

环节 3：背景介绍

在这一环节，我将对王湾生平进行简要介绍，同时引入他在《奉使登终南山》中对登山之景的描绘，讲述王湾认为自己的本性是向往山野自然，仕途对于他只是一种苦涩、一种艰辛。

【设计思路】《次北固山下》的创作离我们有一定的时间差距，且不可避免地带有作者个人风格与心态的印记。因此，有必要向学生介绍它的作者，便于理解。

环节 4:美点追踪

这个环节按照首联、颔联、颈联、尾联分为四个部分,是本次课堂教学的教学重点,主要是让学生细读文本,感受《次北固山下》中所蕴含的情景交融。

首联主要是抓住方位名词"外""前"与关于色彩的词语"青""绿"进行赏析。接着从首联中的"行舟"过渡到颔联,以运用的手法与描绘的画面作为赏析点,引导学生想象诗歌画面。在颔联需要引入前人对这两句诗的评价——"形容景物,妙绝千古",提问学生认为它妙在何处。给同学们五分钟的时间小组讨论,派代表发言。重点赏析该联中两个动感很强的词——"生"与"入"。此时教师可根据学生讨论情况适当给予赏析提示:从内容(画面、情感、哲理等)和形式(修辞、写法等)两方面进行赏析,并进行小结,对颔联与颈联之间的因果关系进行梳理,强化学生对本诗的掌握程度。最后,在前六句写景铺垫的基础上,诗人于尾联开始抒发自己的思想感情。引入历来读者对该诗尾联的理解——有人认为抒发的是诗人的乡愁,也有人认为是诗人想要与亲友分享这江南美景,提问学生独特的情感体验。

【设计思路】按图索骥,通过自主、合作、探究的学习方式深入挖掘文本中可供细读的妙处,强化学生对本诗的掌握程度。这首古诗字里行间蕴藏着情感,因此要注重引导学生认真体会其中的韵味。而且高一的学生求知欲和表现欲很强,要调动他们的积极性,抓住学生对文本中不理解的地方,引导学生深层把握作者情感。同时,这些问题的设计也有利于在思考和讨论中加深学生的理解和体验,使其有所感悟和思考,从而受到情感熏陶,获得思想启迪,进而解决教学难点。

环节 5:对比阅读

这首诗从唐代流传下来就有两个文本。除了中间二联只差一字外,首尾二联完全不同,连题目也不同。因此,我将在这一环节与学生一起探讨本诗的"兄弟篇"《江南意》。

主要通过对两首诗的内容以及与各自诗题之间的关联进行探讨,得出结论——诗与题目的密切关系,进而指导学生在阅读古代文学作品时应注意题目,要看看作品本文与题目是否呼应、题目能否概括全篇等。

环节 6:课堂总结

在课堂总结时,我设计了以下总结语:我们读古诗,既要认真领会诗人的本意,又要善用自己的眼光去发现某些新的东西。例如"海日"两句就可以使我们产生对美好事物的追求,并且相信它会突破一切阻力出现在我们眼前,这样才能把古诗读"活"。最后让我们再一起有感情地诵读一遍,结束今天的课程。

【设计思路】从本课的古诗教学延伸到对于其他古诗的鉴赏应善于用自己的眼光去发现新的东西,从而把古诗读"活",这是再次强调并呼应本课的教学重点。

环节7:布置作业

本课的作业有两项,首先是背诵全诗,其次是将《次北固山下》改写成200字左右的小散文。

【设计思路】叶圣陶说:"凡为教者必期于达到不教。"通过这节课的学习,引导学生对古诗中的唯美意境进行审美体验。课后布置学生将本诗改写成散文,让学生能在学有所得后将所学知识迁移与深化,由阅读教学过渡为写作教学,让学生学会关注自然美景与内心世界的共鸣。此外,这还有利于发挥学生想象力,体现了语文理论与实践的统一,做到学以致用。

六、说板书设计

【设计思路】以简洁的文字体现本节课的教学思路,利于学生理解授课思路。根据求实、求精、求新、求美的原则,我设计了如下板书:

次北固山下

王湾

以上是我对《次北固山下》这篇课文的认识和对教学过程的设计,以"全面提升学生的语文素养,充分发挥语文课程的育人功能"为目的,让学生在学习课文的时候既掌握了知识,又学会了方法、受到了教育。有不足之处烦请各位老师批评指正,谢谢。

第三节　语文听课和评课技能

听课和评课是教师参与教学研究活动的重要环节,有助于促进教师进行教学反思,能有效提高教师(尤其是职初教师)的教学水平和理论素养。

一、语文听课技能

听课是一般教师或研究者凭借眼、耳、手等自身的感官及有关的辅助工具(记录本、调查表、录音录像设备等),直接或间接地从课堂情境中获取相关的信息材料,从感性到理性的一种学习、评价及研究的教育教学方法。常见的听课类型有检查型(如"推门听课")、观摩型、调研型等,本节重点介绍观摩型听课,旨在提高职初教师听课技能。观摩型听课主要有以下三个步骤:

1. 听课前的准备

职初教师在听课前首先应获得授课教师的许可,提前获取教材、本课教学目标及重难点,没有授课经验的教师应主动思考"我会怎么讲授这节课"。此外,有条件的教师还可以了解授课对象的基本情况,做到"有备而听"。

2. 听课中的观察和记录

听课时需要观察教师的"教"、学生的"学"、教育环境、课堂气氛等内容,其中教师和学生是重点观察对象。

在观察教师时,我们需要观察授课教师对教学内容、语言、活动的组织能力,如是否能以"主问题"为线索进行讲授、教学环节是否层次分明、思路是否清晰、重点是否突出、难点是否有所突破等;还要关注授课教师的活动设计,如是否为学生创设丰富、多样、有趣的语文实践情境,是否依据学生个体差异设计具有弹性、开放性的语文实践活动以满足不同学生的需要等。除以上预设内容外,我们还可以观察授课教师的教学"机智",如是否能迅速捕捉教学过程中的各种信息并依据学生的课堂表现及时调整教学计划,是否能灵活利用各种教学资源果断处理课堂突发事件等。

在观察学生时,我们主要观察学生的参与状态、认知状态、交往状态和情绪状态四个方面。学生的参与状态包括学生个体主动参与的意识和群体的参与面;学生的认知状态指的是学生的认知水平和问题意识,以及是否能提出有价值、探究性的观点;学生的交往状态指的是学生是否在课堂上参与师生对话、生生对话、生本对话等多项信息的联系与反馈,包括交往过程中的态度;学生的情绪状态指的是学生是否有适度的紧张感和愉悦感,能否及时转换不同的课堂情绪等。

需要注意的是,教师在听课过程中应做好听课记录,包括本课的基本信息(课时、课型、授课教师姓名、授课时间等)和实况教学过程,并随堂及时标注"听课意见",为下一环节的评课积累资料信息。

3. 听课后的思考

上文所说的"听课意见"仅仅是一种瞬时的、未经梳理的简单记录,在课堂教学结束后,我们还应认真回顾课堂,思考并进行总结,如:"教师为什么要这样处理教材?""这节课对我的课堂有哪些有益启示?""本课的重难点是如何突破的?""新课程的理念、方法如何体现在日常课堂教学中?""如果我是学生,我是否掌握和理解了教学内容?""教师在这堂课为学生补充了哪些知识? 有什么作用? 换个角度行不行?"

二、语文评课技能

评课需要具备先进的教育思想和课改理念,在当前基础教育课程改革的背景下,评课有助于提高课堂效率、更新教育观念,从而促进教师的专业化发展,深化课程改革。评课的内容与说课有相似之处,主要围绕以下几个方面:

1. 评教学理念

教学理念是教师对教学活动的看法和持有的基本态度。语文评课需要点评课堂上所体现出来的授课教师的教学理念,包括《义务教育语文课程标准(2022年版)》和《普通高中语文课程标准(2017年版2020年修订)》中明确提出的语文课程理念、因材施教的理念、培养学生学习能力和发展学生语文素养的理念、听说读写相结合的理念、以学生为主体的理念、民主平等的师生关系理念等。

2. 评教材处理

教材处理的评议主要是从教学内容的角度出发,评议授课教师的教学内容定量是否妥当、详略是否得当、有无知识性错误、教学目标及重难点的设置是否合理等。

3. 评教法运用

教师在评课时应有"教学有法,教无定法"的意识,评议授课教师对教学方法的处理,如教学方法是否多样、是否符合学生的认知特点、在课堂教学中是否能够自如地利用现代化教学手段、是否有利于学生能力的发展、是否有效调动了学生的学习积极性等。

4.评学法指导

在基础教育阶段,语文课程面临着许多任务,首要任务是教学生学会学习。因此,教师在评课时应关注授课教师对于学生的学法指导是否合情合理,如勾画圈点法、讨论法、自主探究法、悬念法等。

5.评教学过程

教学内容是授课教师的预设和师生在课堂上的共同创生。教师在评课时应关注课堂教学内容的预设与生成,评议授课教师对于教学活动的组织是否合理、导入是否具有情境性、活动时间分配是否恰当、环节衔接是否自然、教学思路是否清晰以及提问时是否具有明确的目的性和启发性等。此外,还应注意到授课教师的课堂评价语是否尊重学生,是否符合激励性、针对性、多样化原则。

6.评作业布置

在评议作业布置时,应关注授课教师所布置的作业内容是否符合课程标准和教材的要求,分量和难易程度是否适当,完成作业的时间和具体要求是否明确等。

7.评教学效果

巴班斯基在《教学过程最优化》中提出"分析一节课,既要分析教学过程和教学方法方面,又要分析教学结果方面"[①]。教师在评课时应有"一课一得"的意识,在课堂教学结束后,还要对授课教师的教学效果进行总体评价,如教学内容的完成程度、不同程度的学生是否都在原有基础上有进步、教学目标是否圆满达成等。

8.评教学基本功

教学基本功是一堂好课的重要标准之一。在评议教学基本功时,教师可以从板书、教态、语言三个方面进行陈述:在板书方面,可以评议授课教师的板书设计是否具有条理性和艺术性、字迹是否工整美观等;在教态方面,优秀的授课教师应是仪态端庄、举止从容、态度热情、富有感染力的;在语言方面,可以评议

---

① 巴班斯基.论教学过程最优化[M].吴文侃,俞翔辉,冯克难,等译.2版.北京:教育科学出版社,2001:75.

授课教师的语言是否准确清楚、语调是否高低适宜、语速是否快慢适度等。

总而言之,教师在评课时可以从教学理念、教材处理、教法运用、学法指导、教学过程、作业布置、教学效果、教学基本功等角度出发,有选择地对授课教师进行评议。需要注意的是,教师评课时尽量不要面面俱到、泛泛而谈,而应有所侧重,针对课堂具体情境提出自己的意见和建议。此外,听评课旨在改进和提高教师的教学能力,激发教师的教改积极性。因此,听评课应是发展性质的,评语的使用也应选择授课教师易于接受的,如"如果能……就更好""还可以……""……须加强"等表述方式,尽量避免终结性的评语内容,以鼓励、支持教师积极参与教学改革,实现教师个人专业化发展的同时也能有效推动我国新课改的进程。

【案例9-3】

听课记录表①

听课人：　　　　　听课人所属学科：

授课教师	沈坚	科目	语文	课时		听课时间	
课题		《蔚蓝的王国》		听课地点		班级	
课堂教学纪要	教学流程： 1.阅读材料《老人》,找出表明作者童心的语句。 2.整体感知。教师配乐范读,学生找梦中之人、梦中之景、梦中之情。 ①教师读。 ②学生回答。 ③教师把三者的答案连缀成一段话。 3.研析课文。 ①阅读有关作者写作内容、风格的材料。 ②完成读书卡。读书卡的内容包括类别、书名、作者、内容摘录、赏析与解读。			听课点评： 学生回答后教师未点评。 学生的回答教师都未点评。 整体感知不到位,文章比较深邃,学生还没能感知文章的意境。 把语言品析与情感感悟合在了一起。对初一学生来说有难度,在做摘抄之前教师应该予以指导。				

---

① 周立群,陈斐,杨泉良.语文教育实习导论[M].2版.广州:广东高等教育出版社,2012:97.

续表

课堂教学纪要	③交流自学的成果。学生欣赏使用了修辞的句子。教师要求学生有感情地朗读，学生齐读。 学生提问："漂"是否能换作"飘"？教师让学生解答：后者空间更自由，姿态更轻盈。	学生的回答比较散，教师应该指导学生从修辞、句式、用词、情感、结构、表现手法等角度去摘抄欣赏。学生大多找的是修辞的句子，有些重复。总是一句又一句地分析，使得文章有一种被割裂的感觉，这篇文章不适合用这样的方式来解读。所以读书卡的方式不是什么文章都可以使用的，要注意使用的对象、方式、场合、时机，不能借读书卡的形式来串讲，以代替教师的循循善诱的教学。
	④走进"录音棚"。 学生读课文片段。	没有目的性。
	4.拓展。 不同版本的对比。	没有比较的角度。
听课总评	教学板块清晰、有层次。主要教学思路是使用读书卡的形式让学生自主学习课文，但是文章比较深，学生在没有指导的情况下不太能吃透文章。学生没有在能力上得到锻炼和提升。 思考：如何正确使用读书卡？	

练 习 题

1.说课的基本内容有哪些？

2.说课的测评要素有哪些？

3.选择一个名师课例视频，对其进行听课和评课。